2022 年湖南省技工教育和职业培训教育教学重大资助课题：
湖南技工教育发展史及方向研究（JYKT202201）

湖南技工教育
发展历程及方向研究

沈言锦　何静怡　李艳娟　等编著

湖南师范大学出版社
· 长沙 ·

前　言

　　我国技工教育在清末已经萌芽，但在新中国成立后才开始以一种较为定型的教育类型得到发展，逐渐成为我国职业教育体系中的一大支柱。目前，在国家大政方针的推动下，我国技工教育呈现出良好的发展势头。

　　湖南近代教育的萌芽可以追溯到19世纪末，虽然起步较晚，但是发展迅速。魏源、曾国藩等在全国范围内倡导实业教育，引领了湖南乃至全国实业教育的发展。到新中国成立前夕，以起步晚、发展快为特点的湖南技工教育已具备了不输于沿海经济发达省份的实力。

　　中华人民共和国成立后的10多年和改革开放后的40多年里，湖南技工教育得到了迅速发展，并涌现出一批对技工教育发展产生深远影响的杰出人物。湖南技工教育注重职业能力培养，提高教学水平，加强师资队伍建设，扩大人才培训规模，培养了大批高素质技能人才，对全面提高劳动者素质、促进充分就业、推动区域经济发展起到了重要作用。经过 70 余年的发展，湖南技工教育已经形成技师学院、高级技工学校、技工学校为主体的完整技工教育体系，为技工教育的向好向快发展提供了强有力的支撑。

为了进一步加大技工教育的宣传力度，让社会各界和技工院校师生了解湖南技工教育发展的历史，我们组织编写了这本《湖南技工教育发展历程及方向研究》，系统阐述了湖南技工教育从萌芽、发展、壮大到辉煌的历程，并指出了湖南技工教育发展所面临的诸多问题和挑战，提出了推进湖南技工教育发展的对策建议。

忆往昔岁月，湖南技工教育秉承着技能图强的信念，凝聚着不竭的磅礴力量，正在书写劳动创造未来、技能成就梦想的壮丽篇章。

目 录
CONTENTS

第一章　技工教育概述

第一节 认识教育

一、教育的定义

教育是一个广泛的概念，古往今来，人们对于"教育"的理解千差万别。"教育"一词来源于拉丁语 educare，它包含"教"和"育"两层含义。"教"是指传授，传授前人总结的文化知识，让更多的人了解和掌握，来提高社会的文明程度，它属于理性的、现实的可见世界；"育"是指培育，既引导人们认识自然、合理利用自然的热情，又启发人们向善的心性，追求人与人、人与社会、人与自然的和谐，它属于精神变化的可知世界。教中带育，育中含教，"教"与"育"相合方可称之为教育。

纵观国内外教育，对于"教育"的界定犹如过江之鲫，可以说是仁者见仁、智者见智。孔子曰"大学之道，在明明德，在亲民，在止于至善"；孟子有言"得天下英才而教育之，三乐也"；陶行知则认为教育是依据生活、为了生活的"生活教育"，培养有行动能力、思考能力和创造力的人；苏格拉底认为教育是唤醒人们本来在沉睡状态的良知和潜能，将人们从愚昧中解救出来；夸美纽斯认为教育是生活的预备，教育是教会人们有益地利用现世的人生，使个人的现世生活幸福、美满，使社会减少黑暗、烦恼、倾轧，增加光明、整饬、和平与宁静。国际 21 世纪教育委员会向联合国教科文组织提交的教育研究报告指出：教育是"保证人人享有他们为充分发挥自己的才能和尽可能牢牢掌握自己的命运而需要的思想、判断、感情和想象方面的自由"。

《教育大辞典》指出，教育有广义和狭义之分。广义的教育泛指一切增进人们知识、技能、智力发展、身体健康及改变人们思想意识的活动，产生于人类社会初始阶段，存在于人类社会生活的各种活动过程中；狭义的教育专指学校教育，教育者根据一定社会（或阶级）的要求，有目的、有计划、有组织地对受教育者的身心施加影响，把他们培养成为一定社会（或阶级）所需要的人的活动。

简而言之，教育是以传递人类知识和经验为手段，以培养人为目的，以直接影响人的身心发展为方式，是人类有意识地进行自身素质生产的实践活动。

二、教育的功能

对于教育的功能而言，观看视角不同，理解也就不同。一是从作用对象来看，可分为个体功能和社会功能；二是从作用方向看，可分为正向功能与负向功能；三是从呈现形式看，可分为显性功能和隐性功能；四是根据其功能的性质，可分为自我保存功能和自我更新功能。

（一）教育的个体功能和社会功能

1. 教育的个体功能

教育的个体功能也被称为教育的本体功能、基本功能或内在功能，它是指教育对个体发展的影响和作用。教育对人的影响，可以被具体划分为个体个性化功能和个体社会化功能。

教育的个体个性化功能体现在以下方面：一是教育能够促进人的主体意识的形成和主体能力的发展；二是教育能够促进个体差异的充分发展，形成人的独特性；三是教育能够激发人的创造性，实现个人价值的自我升华。个性化发展是教育的理想状态，实施个性化教育是教育的本质之所在。

教育的个体社会化功能体现在以下方面：一是教育能够促进个体意识形

态的社会化；二是教育能够促进个体行为的社会化；三是教育能够促进个体角色和职业的社会化。例如，中国有句谚语："玉不琢不成器，人不学不知义。"这反映了教育对于个人的重要性。

2. 教育的社会功能

教育的社会功能是指教育对社会维持和发展，特别是对社会政治、经济、科技与文化等方面所产生的影响和作用。从本质上来讲，教育对社会的作用和影响主要是通过培养人来实现的。因此，教育的社会功能是教育的本体功能在社会结构中的衍生，即教育的派生功能。

教育的社会功能可以划分为两个层级：一是教育的直接社会功能，即教育本身作为一个社会子系统对其他社会子系统直接产生的功用；二是教育的间接社会功能，即教育通过有针对性地影响人的发展来影响社会的发展。例如，教育对社会政治的影响，它可以作为一种政治力量直接参与社会政治活动，亦可通过在教学中传播特定的政治理念，进行思想政治教育，培养具有一定政治倾向的人。

（二）教育的正向功能与负向功能

1. 教育的正向功能

人们常说的教育的育人功能、经济功能、政治功能、文化功能等，即教育的正向功能。然而，教育对个体和社会的良好作用并不是没有条件的。在教育实施过程中，必须要遵循社会和个体发展的客观规律，才能真正实现教育的能动作用。因此，要努力探索教育的客观规律，正确组织和开展教育活动，纠正教育实施过程中不适应社会和个体发展的做法，使教育紧跟时代发展，做到与时俱进。换句话说，教育活动是否遵循社会和个体发展规律，以及遵循到什么程度，也就决定了教育是促进还是阻碍社会发展和个体发展。

2. 教育的负向功能

教育也有负向功能，这一点在长期的教育实践中有所体现，但人们过去很少讨论这一问题。在教育实施过程中，教育者价值观和思维方式不正确，教育管理体制不完善，教育内部结构不合理以及教育内容、方法和手段不科学等，都可能会导致教育对社会进步和个体发展产生不同程度的负面影响。例如片面追求升学率，使得受教育者重智轻德，成为单向度发展的人，影响了受教育者的全面发展。另外，"学而优则仕"等传统价值观对教育的影响，给教育戴上了功利性的枷锁。通过深入分析教育的负向功能，可以正确认识并有效削弱或消除教育的负面影响，进而强化教育的正向功能，促进社会和个人的健康发展。

（三）教育的显性功能和隐性功能

教育的显性功能是教育按照其目的、任务和价值，在实际运行中所呈现出的与之相符合的结果。例如促进人的全面发展和社会进步，即为教育显性功能的体现。与之相对的隐性教育，则是伴随显性教育而来的一种非预期的功能。

显性与隐性的划分不是绝对的，隐性的潜在功能一旦被有意识地开发、利用，就会成为显性的教育功能。例如考试作为教师评价学生学习效果、强化学生学习欲望的工具，它具有正向的显性功能。但假若教师仅仅依据考试成绩来评价学生，便会导致学生产生书呆子型成就中心的偏向，这是考试负向的隐性功能。

（四）教育的自我保存功能和自我更新功能

教育功能在自我保存和自我更新之间的划分，最早见于联合国教科文组织编纂的《学会生存》一书。书中指出："教育能使自己再现，也能使自己更新。"即教育在时间和空间上倾向于形成一种封闭的体系，其基本特征是重复，即上一代从祖先那里继承的知识和经验被重复传递给下一代。

教育的自我保存功能可以从三个层面来讲：一是教育作为传递社会文化的工具，它不得不落后于其所传递的文化本身；二是教育者与受教育者之间的关系是相对固定的，而且趋于形式化、公式化，这也确保了教育微观结构上的稳固性；三是教育"产品"的检验过程是复杂而漫长的，这不仅是因为教育活动的周期长，也是因为教育活动的有效性要在活动周期结束后才能显现出来。与此同时，教育也可以实现自我更新。一方面，教育附属于社会，映射出社会的主要特征；另一方面，教育受外部压力的作用，从而不断进行自我革新。相比之下，由于教育自身的保守性，使其自我保存功能强于自我更新功能。

第二节 职业教育

一、职业教育的内涵

职业教育是教育结构组成中不可或缺的一部分，与其他教育一起共同构成了一个完整的教育体系。

近代以来，我国职业教育的正式称谓几经变迁。1904 年，在我国第一个"癸卯学制"中称为实业教育。翌年，在"壬戌学制"中第一次被称为职业教育。中华人民共和国成立之初称为技术教育，改革开放后称为职业技术教育。1974 年，在第 18 届联合国教科文组织大会上发布了《关于技术与职业教育的建议》，将技术教育和职业教育统称为"技术和职业教育"。1996 年，我国颁布了《中华人民共和国职业教育法》，使"职业教育"这一术语基本统一。2022 年，《中华人民共和国职业教育法》修订通过，明确人力资源和社会保障部门为职业教育协调机构，明确职业教育和职业培训并重，构建职业教育与普通教育相互贯通、相互融合的现代职业教育体系。

职业教育是一种复杂的教育活动，亦是一种特殊的教育类型，对其概念的理解也是复杂多样的。一般而言，可以从广义和狭义两个角度来界定。从广义上来讲，职业教育认为所有的教育与培训都具有职业性，并且以职业为导向，继而对个人的职业生涯产生影响。如《教育大辞典》将职业教育界定为是"普通教育中的职业教育和包括职前与职后的各种职业与技术教育的总体称谓，偏重理论的应用和实践技能、实际工作能力的培养"。与广义的职业教育相比，狭义的职业教育更注重教育的目的和内容。在《中国大百科全书（教育）》中，关于职业教育的解释如下："在一定文化和专业基础上给予受教育者从事某种职业所需的知识技能的教育，目标是培养实践应用型专门人才，即各行业所需的技术人员、管理人员、技术工人和城乡劳动者。"在《教育法全书》中，职业教育被认为是"给予学生从事某种职业或生产劳动所需要的知识和技能的教育"。

综上所述，职业教育是在普通教育的基础上，给予有学历需求的未成年人、有择业需要的成年人以及有改善生活质量需求的社会成员提供的一种教育和培训，使其养成所需的职业知识、技能和态度，从而满足就业的个人需求和岗位的客观需要，促进社会的进步和发展。

二、职业教育的特点

早在 20 世纪 20 年代，黄炎培先生就深刻地认识到职业教育的社会性和开放性，提出只从职业学校下功夫，只从教育界下功夫，只从农、工、商职业界下功夫，不能使职业教育发达，即办职业教育必须与整个教育界、职业界沟通交流，积极探索职业教育对外部环境的适应性问题。

随着我国职业教育发展步伐的不断加快，职业教育也呈现出一些新的特点。

（一）现代化

伴随着市场经济和社会发展，将一部分职业院校建设成规模大，专业设备先进、齐全，管理水平较高，能够在职业院校体系中发挥骨干和示范作用的学校，即建设一批规模更大、档次更高、水平更高的现代化职业学校，这是对职业教育提出的新要求。目前，我国许多省市已建成这类现代化职业学校，成效显著，这也是职业教育自身发展的必然趋势。

（二）规范化

职业教育规范化的实质，即加强科学管理和规范化建设，继而提高学校办学水平和社会效益。简而言之，只有高质量的职业教育才能在市场竞争中取胜，并得到持续发展。为使我国职业教育逐步走向规范化，教育部及各地行政部门也相继颁布了各种规章制度，助推职业教育向好向快发展。

（三）多样化

伴随着区域产业结构和经济体制的变化，多样化办学已成必然，多种形式办学加快了职业教育的发展。

（四）模块化

当前，大多数职业院校都对原有的教学理念、内容、方法和形式进行了革新。根据企业和社会对培养对象的要求，依托对就业环境、职业目标的分析，制订教学计划、大纲、并不断修订，使学校与企业更好地合作。这种由传统模式教学转变为以满足企业和社会需求为主、以实际能力的培养为主、以学生个体发展为主的模块教学模式，是一场深刻的教育变革。

第三节 技工教育

一、技工教育是什么

"技工教育是什么？"或者说"什么是技工教育？"这是一个看似非常简单的问题，但也是一个难以回答的问题。从字面上讲，技工教育是技术工人的教育，以就业技能（技术）为主要培训内容，培养社会和地方需要的技术工人。顾明远先生认为"技工教育是培养学生掌握职业、行业或岗位从业所需的某类实际技能、知识和认识而设计的一种教育类型，与中等职业学校的中专、职高同属高中层次的学历教育，是一种培养和训练职业岗位能力的教育，是国家职业教育不可或缺的组成部分。"

发展至今，技工教育的学校类型有三种，分别是技工学校、高级技工学校和技师学院。三个层次的技工教育培养对象不同，技师学院是优化技工教育结构和培育大国工匠、能工巧匠的重要载体，重点培养技师、预备技师、高级工等高技能人才。高级技工学校主要承担高级工、中级工培养任务，技工学校主要承担中级工培养任务。

二、技工教育的特点

（一）双元属性

技工教育最明显的特点是既具有一般教育属性，又具有特殊属性。技工教育通过技工院校和职业培训机构培养中级技工、高级技工和预备技师，承担企业职工、失业人员、新生劳动力和社会其他人员的培训，并提供职业技能等级认定等综合服务。技工教育不是泛化的职业教育，指向性非常明确，就是为产业经济服务，专注于技工培养。因此，它具有其他类型教育不可替代的独特优势。

（二）地域性与行业性

相较于其他教育，技工教育具有鲜明的地域性和行业性。就劳动力的供给行为而言，它具有就近供给的特点。从某种意义上说，技工教育培养的技能型人才是地方经济建设的主力军，亦是地方经济持续发展的基石。为了更好地服务地方经济和区域产业发展，技工院校的布局和专业设置必须适应区域产业结构，进而助力区域产业经济快速发展。

（三）实践性

相较于普通教育，技工教育的基本特征是按照生产活动的规律来指导教学，而不是按照学科体系的逻辑结构进行教学。技工教育培养的学生对岗位的适应期短、实践能力强，能熟练地将设计方案或管理理念转化为生产力，解决生产或管理中的实际问题。

（四）就业导向性

技工教育最重要的本质特征是为企业培养技能型人才，这也是其始终坚守的办学主线。换而言之，技工教育具备改善劳动者就业质量的能力，这意味着以就业为导向的技工教育要从宏观和微观两个角度，牢牢把握劳动力市场的变化趋势，并与之建立最直接、最紧密的联系。

（五）多重服务性

技工教育不仅要与社会发展需求紧密结合，同时也要与用人单位需求挂钩，与劳动力市场紧密挂钩，培养满足市场需求的高素质劳动者和各类专门技能人才，为区域经济结构调整和技术进步服务，为促进就业和再就业服务，为"三农"服务。

三、技工教育的根本目的

一般来说，人力资源的结构分为三个层次：决策管理层、中间层、操作执行层。在工业化初期只有管理层和执行层，但随着生产的复杂化和操作的技术化，两者之间逐渐出现了一个中间层。决策管理层按照科学原理和科技方法安排生产，执行层凭借丰富的实践经验完成生产，而中间层则是将管理层的理论方法与执行层的实践经验有效结合起来，起到承上启下的作用。在中国，人们把中间层的人才称之为高技能人才。

技能人才是生产、运输和服务等领域的一线工作者，不仅要熟练掌握专门的知识和技能，同时也要具备精湛的操作技艺，并能够解决在工作实践中所遇到的关键技术和工艺的操作性难题。技能人才主要包括初级工、中级工、高级工、技师以及高级技师，其中高级工、技师以及高级技师统称为高技能人才。自诞生之日起，技工院校就明确了自身的主要任务是培养技能型人才。1954年，中央财政经济委员会颁布了《技工学校暂行管理办法（草案）》，规定技工学校以培养四级工和五级工为主。1986年，劳动人事部、中华人民共和国国家教育委员会颁布了《技工学校工作条例》，明确技工学校是培养中级技术工人的学校。2010年，人力资源和社会保障部印发了《关于大力推进技工院校改革发展的意见》，再次明确"技工院校是培养技能人才的重要渠道"。因此，技工教育的根本目的是培养高素质技能型人才。

第四节　技工教育与职业教育、教育三者的关系

当前，我国现行的教育体系由普通教育、职业教育和成人教育三部分组成。相较于普通教育和成人教育，职业教育更注重实践技能和工作能力的培养，是培养技能型人才的重要途径。

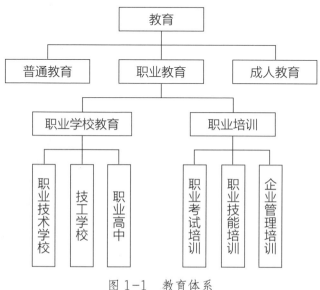

图 1-1　教育体系

一般而言，职业教育由两部分组成，分别为职业学校教育和职业培训。职业学校教育是为培养学生具备从事某种职业所需的专业知识和技能而设立的，包括职业技术学校、技工学校以及职业高中等。其中，职业技术学校注重理论教学和实践操作的结合，技工学校则更注重实践操作和技能训练。职业高中则是面向高中阶段的学生，提供与职业相关的课程和教育，培养学生的职业能力和综合素质。在归属管理部门方面，职业高中、职业技术校归属教育部门管辖，而技工学校则归属人力资源和社会保障部门管辖。

综上所述，在技工教育、职业教育和教育三者之间，技工教育是职业教育的重要组成部分，而职业教育又是我国教育体系不可或缺的重要组成部分。技工教育和职业教育的共同目标是培养技能型人才，满足社会经济发展的需求。同时，职业教育也需要与普通教育相互补充，共同推动我国教育事业向好向快发展。

第二章

我国技工教育发展历程

第一节　1865—1910 年间的实业教育

　　历经两次鸦片战争的惨痛教训，清王朝从唯我独尊的梦幻中清醒过来。面对几千年来前所未有之变局，国人不得不自强图变，向西方异质文化求教，继而开展了轰轰烈烈的洋务运动。在这场变革之中，造船、电报、通商、筑路等新式产业的发展需要一批不同于传统封建文人的新式人才。为了满足洋务运动对技术人才日益增长的需求，洋务人士开创了一批以培养技术人才为目的的洋务学堂。洋务学堂是教育和工业生产结合的产物，亦是近代实业教育的伊始。

　　随着工业的不断发展和教育体系的不断完善，实业教育得到快速发展。从广义和狭义两个角度来看，狭义上的实业教育主要是指实业学堂教育，而广义的实业教育还包括有助于实业发展的其他形式的教育和培训。

　　实业学堂教育是一个系统的教育体系，包括初等教育、中等教育和高等教育三个阶段。1904 年，张之洞与张百熙、荣庆等共同制定了《癸卯学制》，明确了实业学堂教育的地位和基本教育形式。此外，随着女子受教育呼声的日益高涨，游离于学制之外的女子实业学堂也成为晚清实业教育的重要组成部分，助推了晚清教育乃至晚清实业的向好向快发展。

一、第一所技工学校的诞生

第二次鸦片战争，中国再次战败，京师沦陷，皇帝出逃，圆明园被焚毁，清政府被迫再次签订屈辱条约。此后，洋务人士开始倡导和推行"西化"，主张官办、官督商办、官商合办等方式发展新兴工业，用以增强国力。

19世纪60年代，洋务派打着"自强"的旗号，通过引进西方的机器设备和技术，开始创办军事工业。1865年，李鸿章在上海创办江南制造局，生产枪炮、炸药和轮船。1866年，左宗棠在福州马尾创办福州船政局，制造船只，并分拨给海军及各省巡防缉私之用。1868年2月17日，船政大臣沈葆桢在福建船政学堂开设了艺圃（又称"艺徒学堂"），用于培养造船和修船的技术工人。艺圃所招学生被称为"艺徒"，首批招收100多人，采取半工半读的方式培养技术工人。艺圃一般被认为是中国最早的技工学校。艺圃作为中国技工教育的起源地，也为培养我国第一代造船、航空、机械、通信等行业技术工人做出了重要贡献。

图 2-1　福建船政学堂旧址

*来源于福建省炎黄文化研究会官网

继福建船政学堂之后，洋务派又创办了福州电报学堂、天津水师学堂、天津电报学堂、广东实学馆及江南水师学堂等30余所新式学堂。这些学堂的共同特点是理论学习和实践操作并重，在学生掌握军事和科技理论知识的基础上，安排足够的时间进行实习，以达到学以致用的目的。同时，实行严格的考核制度，对"技艺"优等者"优予登进"。在读书期间，学生的全部费用由官方承担，毕业之后统一安排相应的职位。可以说，这为当时"学而优则仕"主导下的教育界吹来新风，这也标志着中国近代技术教育的诞生。

二、实业学堂的发展历程

（一）学部成立前的实业学堂

1898年春，张之洞撰写了《劝学篇》一书，分为内、外两部分，共计24篇。全篇阐述了"中学为体，西学为用"的变革思想，其中外篇包括学制、农业、工商、矿业等内容，为实业学堂的创立奠定了坚实的理论基础。1898年，湖北省自然灾害频发。为了解决民生疾苦，张之洞在湖北武昌创办了农务学堂，"招集绅商士人有志讲求农学者入堂学习，研求种植、畜牧之学"。同年，张之洞又创办了湖北工艺学堂，分设汽机、车床、绘图、翻砂、打铁、打铜、木作、漆器、竹器等工艺，要求学生掌握各项工艺的方法，并探求机器制造的本质。

1901年1月，清政府为救亡图存，推行"新政"，其中，教育改革是一个重要方面。在各项教育改革措施中，兴办实业学堂以发展实业是主要内容之一。翌年，为了使各学堂有制可循，管学大臣张百熙上溯古制，参考异国学制之长，制定了"壬寅学制"，这是中国第一个比较完

图2-2　湖北工艺学堂旧址

备的近代学制体系。此后，各地所设农务、工艺学堂如雨后春笋般不断涌现而出，如通海农学堂、青州府蚕桑学堂、山西农林学堂、湖南农业学堂、四川工业学堂等。

1903 年 6 月，张之洞会同张百熙、荣庆等对《钦定学堂章程》进行增补，于次年 1 月得到清廷批准，即为"癸卯学制"，并责令各地"次第推行"，这是中国近代颁布并施行的第一个学制。在"癸卯学制"对实业教育的规定和指引下，各地所设立的实业学堂也愈发规范化和体系化。

"癸卯学制"与"壬寅学制"的异同

和"壬寅学制"相似，"癸卯学制"的主系列亦分三段七级，在横向方面同样设有实业教育和师范教育两个旁系。和"壬寅学制"不同的是，在"癸卯学制"中，有关实业教育的章程达 7 项之多，这些章程均为"壬寅学制""所未及而别加编订者也"，囊括了实业学堂的种类和宗旨、入学资格与学科设置、考试办法与学堂奖励、教员资格与师资培养等方面。

可见，"癸卯学制"确立了较为完整、独立的实业教育制度体系，使各级各类实业学堂的创设和兴办有规可循，有章可依。此后，在"癸卯学制"的规范下，全国的实业教育取得了较大的发展。

1904 年 2 月，湖南将一所高等学堂的旧址改建为农、工、商、矿等实业学堂。是年，两江总督魏光焘将江南格致书院改建为江南实业学堂，下设农、工、商、矿四科，分门肄业。1905 年，京师农务学堂、河南农务实业学堂、福建蚕务学堂、奉天高等实业学堂以及江西实业

图 2-3 邮传部上海高等实业学堂旧址

*来源于校史沿革——西安交通大学

学堂均得以开办。翌年，商部高等实业学堂易名为邮传部上海高等实业学堂，河南农务实业学堂更名为中等蚕桑实业学堂。

除官办实业学堂外，一些民间士绅和富商大贾也积极捐（筹）资兴办实业学堂，一些公司、企业也时有兴办实业学堂之举。比如，1904年6月，山东郯城孙广文"知农桑为富强基础，因自备房屋数十间、膏壤数十亩并经费二千金办理农桑学堂"。1905年2月，广东香山孝廉陈廷流开设农工商学堂；3月，广东江门商人黄挺年开设商务实业学堂，专教英文、商务信札。

（二）实业教育行政机构的设立

我国新式学堂的发展对新的教育行政机构的建立提出了要求，而各地实业学堂的兴办，也必然促使实业教育行政机构的应运而生。

1904年1月13日，鉴于新式学堂越来越多，在《学务纲要》中特别规定，在京师专设总理学务大臣，管理全国的学务，其主要职责是："凡整饬各省学堂，编订规制，考察学务，审定专门普通教科书，任用教员，选录毕业生，综核各学堂经费等一切有关教育之事，均属焉。"14日，清廷谕改管学大臣为学务大臣，并任命孙家鼎为学务大臣。学务大臣下设六处，分别为专门处、普通处、实业处、审订处、游学处和会计处。其中，实业处是为适应发展实业教育需要和实业学堂日益增多要求而设的，主要负责管理实业学堂的设立、教学、职员考核等。

1904年1月，考虑到各省新式学堂的兴办，《学务纲要》中要求各省于省城设立学务处。1905年9月，科举制度被废除后，大量的旧学堂被改组为新式学堂，原来掌管科举的各省学政形同虚设。因此，筹建新的三级教育行政机构已势在必行。1905年12月6日，清廷谕令设立学部。作为当时"管理全国教育学艺事务"的学部，内设总务、专门、普通、实业、会计五司。其中，"实业司"负责"核办农业学堂、工业学堂、商业学堂、实业教员讲习所、实业补习普通学堂、艺徒学堂及各种实业学堂之设立维持、教课规程、设备规则及关于管理员、教员、学生等一切事项"，同时兼顾"调查各省实业情形及实业教育与地方行（政）财政之关系，并筹划实业教育补助费等事项"。

1906年4月，学部与政务处联合上奏，裁撤学政，改设提学使司，各省设提学使1人，令其管辖全省地方学务。各省学务处即行裁撤，另改建学务公所作为提学使及其所属职员的办公机构。学务公所下设总务、专门、普通、实业、图书以及会计六课。其中，实业课掌管本省各种实业学堂的设立维持、教课规程、设备规则及关于管理员、教员、学生等一切事务，同时对本省的实业情形进行考察，筹划扩张实业教育费用。

在学部实业司和学务公所实业课相继设立后，全国的实业教育走上了一条相对规范化和组织化的发展之路。实业教育的管理明显得到加强，实业学堂的发展也焕发出勃勃生机。

（三）学部成立后的实业学堂

1906 年 3 月，鉴于"方今环球各国，实利竞尚，尤以求实业为要政，必人人有可农可工可商之才，斯下益民生，上裨国计，此尤富强之要图，而教育中最有实益者也"，故学部特将"尚实"作为其所颁教育宗旨的重要内容之一。所谓"尚实"，就是要"讲求农工商各科实业，物无弃才，地无遗利，斯有益于国计民生"。

1906 年 7 月 12 日，鉴于"实业教育，所以振兴农工商诸实政"，"果能实力推行，自足为振兴实业之基"，学部又颁布了《通行各省举办实业学堂文》，要求各省继续遵照"癸卯学制"之规定，转饬各府州县，无论是城乡市镇，皆应酌量筹设各类实业学堂。同时，农工商部在设立实业学堂的同时，也令各地加大实业学堂的创办力度，不少地方大臣从造就或广储各项专门人才、发展实业的目的出发，奏请在本省或联省设立实业学堂。

1907 年 3 月，清政府大臣黄诰奏请农工商部，请旨饬各省将军、督抚广设机器学堂。是年 7 月，御史成昌奏请推广实业学堂，请旨谕令各省将军、督抚，严饬所属，遴选公正绅董，酌提公款，开办实业学堂。是年，苏州知府何刚德创设了苏州府官立农业学堂，并兼任学堂监督。1908 年 4 月，学部议复，命令各府设中等实业学堂 1 所，每所招收百名学生，认真办理，毋得延宕。在各地督抚的大力倡导下，在学部的统一规划、指导和要求下，在商部（农工商部）的积极推动下，全国的实业学堂取得了飞速发展。

除了大量公立实业学堂外，在学部成立后，各地还有相当数量的私立实业学堂。在私立实业学堂中，张謇创办的实业学堂是一个典型代表。早在甲午战争后，张謇就萌生了"实业与教育迭相为用之思"。在"以实业辅助教育，以教育改良实业"的思想指导下，张謇创办了一系列的实业学堂。1902 年，张謇在通海垦牧公司创设了第一所实业学堂——农学堂，为农垦事业培养专门人才，1906 年迁至通州城，附设于通州师范，称为农科。除此之外，张謇又增添了蚕桑、测绘、土木等科目。

图 2-4　农学堂旧址

1909 年，张謇在通海五属公立中学内设立初等商业学校和银行专修科；是年，创设南通农学校及农场。当时，这些实业学堂非常引人注目，对晚清实业学堂的发展起到了重要的示范效用。

三、女子实业学堂的产生

马克思曾经说过，"没有妇女的酵素就不可能有伟大的社会变革，社会的进步可以用女性的社会地位来精确地衡量"。在清末，女子职业教育是职业教育的重要组成部分，它的产生既得益于当时女子教育的发展和女性职业意识的觉醒，亦是女性追求解放的要求和必然选择。

以学部 1906 年颁布的《通行各省举办实业学堂文》为界，晚清女子职业学校的发展大致分为两个阶段。

（一）"新政"前期的女子职业学校

在实业学堂兴办发展之初，女子职业学校不仅数量相对较少，而且种类较为单一，可以囊括为以下几种类型。

1. 蚕桑女学堂

中国是世界上最早养蚕、缫丝、织丝的国家,被誉为"丝绸之国"。清朝末年,为了广开财源,清廷要求各地振兴蚕业,继而设立蚕桑学堂,曾被视作使国家富强起来的重要途径。

1897年,杭州知府林启在杭州创办了蚕学馆,但明文规定学堂不招收女生。此后,各地虽然又陆续开办了一些蚕桑学堂,但均把女子拒之门外。然而,千百年来形成的"男耕女织"的传统生产方式和"一夫耕,百人食之;一妇桑,百人衣之"的传统生活观念,决定了女子与纺织必然有着不解之缘。因此,在"新政"初期,随着蚕桑学堂的逐渐增多,也开始零星出现蚕桑女学堂。

1904年,福建省于福州设立桑蚕女学堂,这是我国女子职业学校的发展之始。是年,娄县人史量才创办了上海女子蚕业学堂。学堂以"注重栽桑、养蚕、制种、缫丝等实验,并改良旧法,兼授普通及专门学理,以扩充女子职业,挽回我国利权为宗旨"。为保证教学质量,上海女子蚕业学堂非常重视学生的管理工作。比如,每学期于放假时将考试成绩、品行优劣及实习勤惰等情况告知家族有关人士;对学习优等、实习勤恳、缺课最少者予以奖励;衣服鞋帽宜朴素干净,不宜华丽,不准携带脂粉及贵重首饰;等等。

2. 女子手工传习所

在清朝晚期,一些有识之士认为建立女子手工传习所是女性获取知识、学习技能的重要途径。女子手工传习所不仅可以推动女子职业教育,还可以为女子职业学校培养师资。

1904年5月,张竹君在蔡元培等人创办的爱国女学中附设女子手工传习所。在她看来,"欲言救国,必先教育;欲先教育,必先于女子;而女子所宜先者,则首自立自爱"。

1904年10月,俞树萱创办了上海自立女工传习所。学校"先设速成班,以十二星期毕业"。不久之后,鉴于上海传习所已有数处,而桑梓之乡尚未有之,故决定于翌年2月将学校迁至绍兴山阴县临浦镇。该传习所旨在扶助女子自立自强,开设算学、珠算、手工、洒扫及烹饪等科目。教科书均采用白话与文言相对照的形式,让这些"过渡时代之女子"经过半年的学习,"可看白话书报"。

1904年11月,士绅姚义门创办了上海速成师范女工传习所。传习所的宗旨是"采东西各国工艺成法传授，限以时日，课程更求速成，以期吾国之女子人人能精工艺，俾得自立于文明世界"。传习所分甲、乙、丙三个班，肄业时间分别为一年、半年和三个月。三个班均开设了绒线、针黹、织造、车造（即机器裁缝）四科，其中，甲、乙两班还要学习国文、教育和算学。同时，传习所定有规章制度，要求学生共同遵守。

3. 女医学堂

鉴于"妇女所患之病多于男子，且往往有隐情不能言者，以男医审女病，不过十得其五，若外症之在下体者，更无论矣"的现实状况，许多有识之士都把创办女医学堂视为培养女医生、女护理的重要途径。基于此，女医学堂成为清末女子职业学校的一种重要形式。

1904年，李书平在上海创办了上海医院，后改名为中西医院。翌年2月，"因悯中国女界疾病之苦，生产之危"，李书平与张竹君合办了上海女子中西医学堂，旨在"贯通中西各科医学，而专重女科，使女子之病，皆由女医诊治"。医学院招收"资质聪明、身体强健、曾读书识字"的女子入学，年龄在14～23岁。学校分为正科和预科，正科学习五年，预科则在一年后升入正科，再习西医，共计六年。学校教授中医课本、西医课本、算学、理化、西语、音乐和修身等科目，至"毕业之期，聘请中西著名医士莅院，按照科学考试，合格者给予文凭，准其行医"。这些女医学堂为我国培养了一批最早的女医生和女护士。

（二）"新政"后期的女子职业学校

1906年7月，学部颁发《通行各省举办实业学堂文》，特别是1907年《女子小学堂章程》和《女子师范学堂章程》的发布，从法律上确立了女子接受学校教育的合法地位，极大地激发了人们兴办女学的热情。此外，这一时期，在日本留学的女生中，学习保姆科、工艺速成科、技艺科、造花科、刺绣科、图画科、制丝科、编物科等"实业"科目的越来越多。这些均促使民间的女子职业学校向好向快发展，并且办学种类也较之前有所增加。

1907年，楼文镳在杭州创办了蚕桑女学堂，分正科和预科两部，正科肄业3年，预科肄业2年。学堂首届招收了35名15～25岁的女性，聘楼文华、楼文耀及朱剑池三位女士为教员，传授栽桑、养蚕、缫丝、制种等法，并兼授普通学理。是年，林伯棠在福建创设女子职业学校，招选粗知文字、愿为女红者的女性，年龄在 15 ～ 30 岁，入堂肄习编物、造花、刺绣及裁缝等科目。1909 年年初，张謇在通州城内育婴堂旧址创办了妇女职工学校，招收 20 ～ 30 岁的贫困妇女入学肄业，并开设育蚕、缫丝、纺纱、织布、裁缝、烹饪、编物及造花等科目，以广生计。

总而言之，"新政"后期女子职业学校的设立已不再局限于东南沿海地区，而是深入内陆地区，甚至是一些偏远地区。学校所设学科也更加广泛，所教内容也更加细致入微，进入女子职业学校求学的人也越来越多。在当时，女子职业学校与女子师范学堂一样耀眼和璀璨，发挥着特殊而又非凡的作用。

四、实业学堂教育的主要特征

实业教育秉承了洋务运动时期培养艺徒的模式和方法，同时又为了适应实业发展的需要，形成了以下三个方面的鲜明特色。

（一）专业针对性强

实业教育依托产业来发展教育，它是由产业派生而来，而不是先教育后产业，让学校去找产业寻求合作。在《商书·分建学堂说》中，陈炽提到"每创一业，开一厂，设一局，均应附设一学堂，或独立创兴，或数家合办，学成后入船入厂，习练有成。愚拙者为工人，聪颖者为总管"。根据农、工、商及社会发展需要，工艺学堂和传习所进行技艺培养，所设专业涉及各个类别，包括机械、化工、纺织及刺绣等学科。

（二）厂校一体化办学

一些实业家实行厂校一体、工学结合的办学模式，在实践技能的培养上独树一帜。比如，中国近代著名实业家周学熙，赴日考察回国后，总办直隶工艺总局，创办工艺学堂十多所。学堂里设立了实习工厂，用于工艺技术传习，通过厂校一体、工学结合模式，培

图 2-5　直隶工艺总局旧址

养了大量的艺徒。南通著名实业家张謇，依托企业创办了艺徒学堂、传习所、职业补习学校等多所实业学堂，其中，最出名的纺织染传习所就是直接与大生纱厂合作办学，即工厂为学生试验、制造之所，学堂则进行各科教习，半工半读，相辅而行，收效较速。

（三）教学与实际生产相结合

张謇认为实业教育应该具有"生利"的功能，即创造财富的生产功能，这也是实业教育与其他教育最主要的区别所在。实业教育除了启迪民智，还能创造物质财富。因此，我们要重视教育、教学与生产实际相结合。一是将产品打入国内外市场，使课程教学与实践有所盈利；二是通过市场检验教育成效。比如，女工传习所不仅生产产品，而且还设有绣织局，负责组织营销，并将产品远销海内外。

图 2-6　女工传习所缝纫科实习现场

＊来源于《科学文化评论》2020 年第 4 期

第二节　1911—1936 年间的技工培养

1911 年 10 月，辛亥革命爆发，推翻了清王朝统治，结束了两千多年的封建君主专制制度。新思潮、新文化得到广泛的传播，民族资本主义进一步发展。

在 1913—1920 年间，我国经济得到快速发展，技术工人的培养也越来越受到重视。一方面，实业教育不断发展，并逐渐演变为职业教育，为技术工人的培养积累了一些经验；另一方面，劳工教育促进了相关法律法规的完善，助推了各种形式的职工培训的顺利开展，提升了工人的文化和技能水平。与此同时，工厂学徒制培养也更加普遍，并打破了传统学徒制范畴，走向标准化、合约化，技工教育的培养呈现多渠道、多样化的格局。

一、劳工教育下的"技工"培养

民国时期，劳工教育作为解决劳工问题的重要措施，引起了社会各界的广泛关注。地方行业和企业纷纷开始革新原有的学徒制，实行劳工教育，并建立相应的制度。

中华书局、商务印书馆等纷纷开始筹建教育设施，实施与以往学徒制不同的劳工教育。1928 年，全国教育联合会通过了"实施劳工教育"的方案。翌年，南京国民政府颁布了《工厂法》，明确规定工厂必须让工人接受补习教育。1932 年，实业部联合教育部颁发了《劳工教育实施办法大纲》，要求对劳工进行识字训练、公民训练以及职业补习，各地教育行政机关督促当地农工商及其他各业之厂、公司、商店等负责完成，这些规定使得劳动教育具有了公益性和强制性，在客观上保障了劳工的合法权益。

劳工教育在工业、手工业、商业等行业得到了迅速发展，并逐渐演变为一种全国性的教育活动。各产业部门也十分重视职工培训，并设立了专门的职工培训机构，推进劳工教育。1933 年，铁道部成立了职工教育委员会，对在职员工进行扫盲教育，并基于此开展技能培训。

与此同时，社会上也涌现出了一批有特色的行业和企业。比如，荣氏企业将以"学校工厂化是精神原则之所在"为理念，要求劳工"进厂先教识字，落工习副业，非实习不能派事"。为有效贯彻落实"学校化之工厂"和"工厂化之学校"的理念，上海康元印刷制罐厂要求在工作中求学问，绝不险求智识再俟机会以谈应用。此外，沪江大学、上海青年会、上海女青年会创办的沪东公社、沪西公社以及沪西女公社等教育机构也颇具成效。

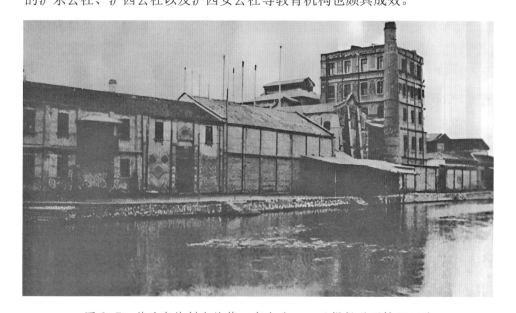

图 2-7　荣氏家族创办的第一家企业——无锡保兴面粉厂旧址

在培养技工的过程中，政府、社会团体、教育机构、企业、工会等共同参与劳工教育，形成了各具特色的劳工教育形式。劳工教育的大规模实施，不仅提高了劳工的文化知识和生产技能水平，而且也改善了劳工的素质结构，对教育普及和提高国民素质具有重要作用。

二、技工学校的伊始与职业教育的演进

20 世纪 20 年代，实业教育逐渐演变为职业教育，这是职业技术学校教育的历史性变革，并对后续技工的培养产生了重大影响。1917 年，由上海、江苏、浙江三地纺织厂组成的民间商会——华商纱厂联合会，与江苏省教育会共同筹办纺织技工学校。1920 年，《华商纱厂联合会季刊》刊登了"九月十二日特别会议，建设纺织技工学校案"。学校预计招收 120 人，分设正科和预科。

正科须为高小毕业，且持有毕业证。预科则是各厂的工人子弟，招收年龄在13～18岁。迄今为止，这是所见最早公开使用"技工学校"一词。

1904年，在《添聘普通教习文》一书中，山西农林学堂总办姚文栋首次提到"职业教育"一词。辛亥革命爆发后，西方的职业教育理论和实用主义教育思想传入中国，泛起科学民主思潮。针对实业教育存在的问题，一些有识之士积极倡导和推行职业教育。1917年，以蔡元培、张謇、黄炎培为代表的教育家、实业家和政界名人齐聚上海，成立了中华职教社，对职业教育的推广起到了积极的作用。1922年，北洋政府颁布壬戌学制，正式采用"职业教育"取代原有的"实业教育"的概念，原有的实业学校全部变更为职业学校。

1927年，在南京国民政府成立前后，职业学校的发展出现反复。为了更好地促进职业教育的发展，国民政府先后颁布了《职业学校法》《职业学校规程》等相关法规，进一步确立和突出了职业教育在教育体系中的地位。

图2-8　1923年中华职业学校教职员工合影

尽管这一时期的职业教育是对实业教育的继承和发展，但两者在适用于社会的范围、层次等方面有许多不同之处。

1. 主导者不同

清末，"以日为师"蔚然成风。在"新政"前后，清廷多次组织赴日访学，促进了实业教育的发展。在此期间，实业教育的发展受日本的影响很大，其主导者多是知悉日本实业教育和工业发展的官员和实业家。然而，职业教育的主导者是有欧美文化背景的教育家和学者。由于主导者不同，故而形成了两种不同的办学模式，一种是依托实业办学，另一种是相对独立的学校教育。

2. 办学类型不同

实业教育围绕实业的发展，办学类型呈现多样性，包括高、中、初等实业学堂以及艺徒学堂、传习所等。职业教育主要是以中等职业学校教育为主，所涉领域广泛。

3. 办学理念不同

实业教育旨在振兴实业，促进实业的向好向快发展。从促进生产发展的角度来看，实业教育更加注重教育与实业的互动关系，它不是为了学生毕业后就业而办学，而是为了国家的发展，用以增进生产、开发交通。正如张謇所说："实业之所至，即教育之所至。"职业教育则强调"无业者有业，有业者乐业""培养青年生活之知识与生产之技能"。职业教育着眼于解决民生问题，关注个人生计和职业发展，间接地对生产力的发展起到一定的促进作用。

虽然实业教育退出了历史舞台，但其以服务产业、立足社会需求和企业发展的理念，实行企业主导、校企一体化的办学模式，为后续技工教育的发展提供了宝贵经验，这也是技工教育与其他职业教育的区别之一。

三、职业教育中技工培养的理论与实践

（一）职业教育中技工培养的理论

1. 黄炎培的职教思想与实践

（1）"以就业为导向"的教育理念

黄炎培将"为个人谋生做准备"作为职业教育的首要目标，并提出"使无业者有业，使有业者乐业"的观点。在培养理念上，注重培养劳动者的谋生能力，将职业技能教育与就业相贴合。与此同时，黄炎培主张传授人适合其个性的一技之长，使他们获得一份适应社会所需要的职业，同时还能够胜任该职业。这开创了"以就业为导向"的职业教育理念，使职业技能的培养着眼于青年就业的需求，对后续职业教育的发展产生了深远影响。

（2）"做学合一"的培养模式

在培养模式上，职业教育强调手脑并用，做学合一，重视实践技能的培养。黄炎培将"手脑并用""做学合一"作为教学的基本原则，使学生在掌握知识的同时培养实践技能。另外，黄炎培强调边学边做，在工作中习得系统的知识和技能，并以实习作为教学手段和方法，贯彻"双手万能""手脑并用"的教学宗旨。

在中华职业学校创办之初，首先开办了与民生息息相关的行业，如铁工

场、木工场以及纽扣工场，后面又开办了珐琅工场。学校实行授课半日，工作半日，部分专业采取"先习后作"的制度，以期各种技能达到熟练。在初级阶段，以实习为主，只有1/4的时间用于学习基础学科；在高级阶段，采取各占1/2的课程培养。《职

图 2-9　中华职业学校珐琅科学生
＊来源于上海黄浦官方微信

业学校法》（1932年）指出，实习是职业学校教学的重要一环，各科教学应本着先实习后教学的原则，促进学生更好地理解知识、掌握技能。另外，实习场所由学校自办的农场、工厂以及商店组成，部分场地由工商企业合作提供。

（3）"劳工神圣"的德育培养

黄炎培指出，职业教育必须要重视职业道德的培养，养成健康的人格。一是要有敬业乐业的职业观。所有职业都是平等的，没有高低贵贱之分，并鼓励大家热爱职业，忠于职守。二是倡导尊重劳动的理念。通过劳动自食其力，是人们最高尚的生活方式。学生的入学"誓约书"包括尊重劳动，劳动习惯的养成贯穿于学校生活的全过程。三是要求师生具有金子般的人格。为了更好地服务于工商业，学校注重师生高尚纯洁的人格、博爱互助的精神等方面的培养。德育培养使职业教育的内涵更加完善，同时也使技能劳动者能更好地适应未来工作岗位的需求。

图 2-10　中华职业学校在校师生共同劳动
＊来源于上海黄浦官方微信

（4）开放办学

针对职业教育实践中存在的问题，黄炎培意识到"只从职业学校做工夫，

不能发达职业教育；只从教育界做工夫，不能发达职业教育；只从农、工、商职业界做工夫，不能发达职业教育"，即办职业教育必须与整个教育界、职业界沟通交流，积极探索职业教育对外部环境的适应性问题。

1926年，黄炎培提出了"大职业教育主义"，主张职业教育应兼收并蓄，不应封闭式办学，而要适应社会的需求。与此同时，黄炎培还认为教育的本质具有职业性，即"凡教育皆含有职业之意味"。因此，职业教育的繁荣不能仅仅依靠职业学校，还要渗透到各类教育中去。这些观点对于如何定位和发展职业教育和职业学校，如何培养适应社会需要的技术技能型人才都有着重要启示。

2. 陶行知的"生利主义"职教理念

基于"生活教育"理论，陶行知提出了"生利主义"的职教学说。陶行知主张职业教育不是简单地让受教育者谋生，而是教会人们生产产品或提供服务，通过劳动为社会创造财富和价值。

在技术技能的培养上，他认为教师要有实践经验，最好来自相关的行业企业。在教学环境上，他认为要有职场环境和氛围，最好利用现成的设备，施行工学结合的模式，让学生在教师的指导下完成学习任务和生产任务。在

图2-11　山海工学团

*来源于上海宝山官方微信

教学方法上，他认为要以一事之始终为一课，成一事再学一事，不必遵循传统的学科体系，而应该按照工作序列由简单到复杂、从单一到综合的认知规律开设课程。在教学模式上，陶行知提出了"教学做合一"，即事情怎样做就怎样学，怎样学就怎样教。

为了更好地践行"生利主义"职教理念，陶行知还亲自组织成立了"工学团"，将工场、学校与社会融为一体。劳动场所即是课堂，劳动实践即是上课，教育与劳动相结合。

（二）职业教育中技工培养的实践

1. 职业补习教育的兴起

20 世纪 30 年代，在实业补习学堂的基础上，中华职教社率先发起并举办职业补习学校。自此之后，职业补习学校开始兴起。

为了使各省、市、县所设职业补习学校或补习班有法可依，国民政府于 1933 年发布了《职业补习学校章程》，这进一步激发了工商业者开办职业补习学校的热情。职业补习学校的施教对象是未就业者和已从业者，向其传授职业知识，并开展技能培训。教学内容分为普通课程和职业课程两部分，其中，以职业课程为主，以普通课程为辅。考虑部分在职人员的补习需求，在不妨碍其现有工作的前提下，由学校根据当地情况和职业性质确定修业期限。在劳动者缺乏系统职业教育的情况下，职业补习教育是普及职业知识、提高劳动者技能的有效渠道之一。

2. 建教合作的发展

建教合作是指为提高教育效能，在原本相互分离的职业学校与厂矿、企业、公司、商业等实业机关（当时称为建设机关）之间加强合作与沟通。

1936 年，国民政府颁布了《职业学校与建设机关协作大纲》，要求各学校与校外生产实习机关详细制定分派学生实习的方法。在地方教育主管部门的推动下，职业学校采取灵活多样的方式和企事业单位合作，共同培养技术技能人才。

在实业教育被职业教育取代之后，为加强职业学校与企业之间的密切合作，国民政府积极推进建教合作，施行资源共享，对于提高学生生产技能起到了积极作用。

3. 工厂学徒制应运而生

随着工业化的发展，企业数量大幅增加，手工业学徒的培养模式已经不能满足生产发展的需要，工厂学徒制应运而生。

相较于传统的手工业学徒，工厂学徒制在培养模式、雇佣方式以及薪资奖惩等方面均有明显变化。工厂学徒制对于学徒的年龄和年限有要求，并且要立下契约。通常情况下，契约采取保证书、志愿书等形式。在契约中列出学徒年限、违约责任以及事故赔偿，并根据工厂规章规定学徒的薪资和工作时间等。

民国时期出现了多种学徒模式，练习生是较为常见的一种学徒模式。练习生是指在传统手工业向现代工业转型的行业中招聘的学徒，比如银行业、缫丝业、交通铁路业、零售业等，这些对劳动力素质要求较高的领域。练习生招收高小、初中、高中文化程度的年轻人，同时要有一定的文字基础和算术基础。通过笔试、面试等环节之后，方可被录用。练习生的培训周期最少3个月，在培训期间有工资和补贴。除顶岗实习以外，练习生还要参加本单位的培训，或者被单位派到其他职业补习学校学习。在培训期满后，大多数练习生会被单位正式录用。

在当时，练习生制度被认为是一种有益的制度，可以高效地培养技工人才，得到了社会的广泛认可。此外，练习生制度标志着旧式学徒制下"家长式"师徒关系的废除，对实业发展起到了积极的推动作用。

第三节　1937—1948 年间的技工训练

日本侵华后，中国的民族经济损失惨重，民生凋敝，技工教育也大受影响。在抗日战争全面爆发后，民族工业更是举步维艰，大部分企业不得不停工停产，技术工人数量锐减。与此同时，后备技术工人的培养也严重不足。

鉴于技术工人在战争中的特殊地位，尤其是对军工行业的支撑作用，国民政府采取多种措施加强对技术工人的培养。1938 年 4 月，国民党临时全国代表大会通过《战时各级教育实施方案纲要》和《抗战建国纲领》，提出了教育事业发展的总纲领，要求培养各种专门技术人员，并予以适当分配，以应对抗战的需要。为了培养合格的技术工人，由国防和经济部门牵头，依托后方的军工企业和大专院校开展技工培养，政府建立了一批技工学校。

一、技工训练处管辖下的技工培训

1939 年，国民政府责令国防工业委员会成立技工训练处，全权负责技工培训。翌年 10 月，技工训练处正式成立。技工训练处下设"两组一室"，教务组负责教学管理与教学研究，总务组负责行政管理，会计室则负责技工培训经费的管理。1942 年 1 月，国防工业委员会改组为国防工业设计委员会，隶属于中央设计局。自此之后，技工训练处也隶属于中央设计局。1944 年 1 月，技工训练处又改隶于经济部。尽管技工训练处的隶属关系多次发生变更，但其职能和工作重心并没有太大的变化。

1940 年，根据国防最高委员会的要求，国防工业委员会会同财政部、教育部、航空委员会、兵工署、资源委员会等部门，拟定了《训练技术人员计划大纲》（以下简称《大纲》）。《大纲》明确规定，工程师和中等技术人员由教育部负责指定大学及高级学校进行训练，技工训练处负责指定军工企业、国立大学附设实习工厂及有关工厂附设技工训练班进行技工训练。技工训练班招收 16～25 岁的高小毕业生，经考试合格后录取，招生名额由技工训练处核定。在训期间，技工训练班提供衣食，并发放津贴。在抗战期间，国民政府的技工培训计划没有依托职业学校实施，而是由一批企业和大学承办，尤其是隶属于军政部兵工署的企业，比如第二十兵工厂、钢铁厂迁建委员会等单位。"技工学校"经兵工署批准举办，并承接相应的任务。技工训练班不仅为抗战培养了大批优秀的技工，同时也形成了由产业部门主导、校企一体、工读结合的技工培养模式。

图 2-12　工人正在装配机关枪部件

*来源于参观重庆抗战兵工旧址·重庆建川博物馆之二：兵工署第一兵工厂

在此期间，技工训练处制定并发布了一系列的规章制度，用以规范和约束办学行为，保证办学质量。一是技工训练的设施要求。除了常规的教学场地，还要有实习工厂、标本室、图书室、宿舍、食堂、办公室、厕所、操场等。同时，也对实习教学所需的设备和工具等提出了要求，以保证教学质量。二是技工训练课程的内容大纲和课程实施表。在课程实施表中对每门课程提出具体的要求，比如教学标准、教学时数、教学方法以及教材内容等。三是教师的任教资格。技工训练班的班主任要有丰富的职业经验，且为工科大学毕业；教务人员应具有专科以上学历，同时有着丰富的教务管理经验；技术学科指导教师应毕业于专科以上的工科学校或高级职业学校；实习指导老师可以由工厂内的机械师兼任。四是学生成绩的考核。考核分为体能、操行、军训和学业（实习与学科）四项，成绩合格后，方可允许毕业。

综上所述，技工训练班的技工培养与当时的职业学校教育具有明显的差异。首先，二者的办学和管理体制不同。技工学校由专设的技工训练处进行统一管理，并依托企业，进行校企一体办学。职业学校则由教育部门管理，大部分是由社会力量举办。其次，二者的培养模式不同。职业学校注重理论教学，缺乏实践教学，并且多数是在校内完成教学。技工学校则是以技能教学为主，采取工学结合的培养模式，"重"实习"弱"理论。最后，二者的办学定位不同。相较于"泛化"的职业教育，技工学校是为抗战和企业培养所需的技术工人，更具针对性和实用性。

二、抗战时期多措并举的技工培养

为了缓解战时技工人才严重短缺的问题，国民政府采取多种形式培养技工和实用技术人才。

一是鼓励兴办初级实用职业学校。1938 年 7 月，国民政府发布了《创设县市初级实用职业学校实施办法》，要求各省根据实际情况在县市一级创办初级实用职业学校，培养实用技术人员，以解决县一级人民的衣食住行及日常生活所需。该类学校的特点是以实习教学为主，待技能娴熟之后，再进行理论学习，以印证之前所学。二是推行职业补习教育。1941 年 8 月，教育部联合农林部、经济部共同推行职业补习教育。凡厂矿工人超过 500 人、农场工人超过 300 人的地方，均应在一年内办理职业补习教育。三是开展短期职业培训。1935 年，国民政府颁布了《短期职业训练班暂行办法》，提出职业学校应附设技术学科短期训练班。培训结束之后，将颁发学业成绩证明。在 1938—1940 年间，各职业学校举办了 60 多个短期训练班，培训学员共计 2200 余人。

在这一时期，国民政府开始举办技工学校，并建立了相对独立的培训体系。在培养过程中，以企业为主导，实行工学结合、校企一体办学，强调人才培养的针对性和实用性，这些都成为技工学校教育的鲜明特色。

三、抗战时期革命根据地和解放区的技工培养

在 1927—1934 年间，中国共产党建立了以江西中央苏区为中心的多个革命根据地。革命根据地是革命斗争的基础和依托，职业技术培训和技工培养也随着根据地的发展而发展。在抗日战争时期，以陕甘宁边区为中心，建立了敌后抗日根据地。根据地一直非常重视工人技能的培养，实行边生产边培训，不仅缩短了生产周期，而且提高了工人技艺。在解放战争时期，人民政府在东北解放区举办了一批技工学校，开展了多种形式的技能培训，为解放战争

的胜利提供了人力支持，同时也为中华人民共和国成立后的技工培养夯实了基础。

（一）革命根据地工人的技术培训

在抗日战争时期，革命根据地重视工业发展，通过开展劳动竞赛、奖励技术工人等方式来鼓励生产。

1938年1月，延安工会和工人合作社举办了延安工人制造品竞赛展览会，这是陕甘宁边区首次尝试举办展览。此次展会结束后，组委会为获奖单位和个人颁发了表彰证书，证书上印有毛泽东同志的题词——国防经济建设的先锋。翌年5月，在陕甘宁边区工业展览会上，刘贵福设计的"无名式马步枪"（后命名为"八一式"马步枪）获甲等产品奖，其本人被评为特等劳动英雄，所在边区机器厂被评为特等奖单位。毛泽东同志称刘贵福为"生产战线上的英雄"，并亲自为他题词，这一举动极大地激励了工人自身提高技术水平的积极性。

在边区的工厂里面，工人大多来自农村，文化水平不高，文盲和半文盲占比超过一半。为了提高工人的文化水平，工厂把扫盲作为开展工人业余教育的首要任务。在新工人进厂后，采取以师带徒的方式对其进行培训。在师傅的指引下，学徒能迅速掌握操作技能，尽快独立从事生产劳动。按照规定，公营工厂每天有1～2小时的业余学习时间，并设有工余学校或学习小组。由厂里的知识分子或者有相当文化基础的工人担任教员，实行"以工教工"制度。在教学过程中，按照业余教育与生产业务相结合的原则设置课程，比如机械厂以数理为主，化工厂以化学常识为主等，务求学

图2-13　沈鸿从上海带到延安的铣床
*来源于陕甘宁——红色记忆多媒体资源库历史事件库

以致用。

鉴于边区缺乏熟练的劳动力和技术人员，中共中央职工委员会派人赶赴武汉等地，招募从日寇占领区逃出的工人和技术人员到边区工作。另外，部队、机关和学校创办的工厂也在边区以外招募技术工人。这些从外地来到边区的工人，能够与边区军民同甘共苦，并肩作战，并逐步成长为边区经济发展的中坚力量。1938年2月，沈鸿带着10台机器、7名工人和学徒，历经艰险来到延安，先后设计和生产了印刷、造纸、制药、炼油等工厂所需的机器设备，培育了一批懂得科学知识、掌握操作技能的工人。

（二）革命根据地军工企业的技工培训

在抗日战争初期，各根据地建立了一批机械修理所，其职能是帮助部队修理战斗中损坏的枪支器械。但是，它们普遍规模较小，设备简陋，并且缺乏专业技能人才。1938年10月，中共六届六中全会提出各根据地都必须尽量设法建立小的兵工厂。随后各根据地相继成立了兵工领导机构，军事工业如火如荼地开展起来。1939年6月，八路军后勤部成立第六科，专门负责军工生产。第六科将归属于各师的军工机械修理所和太行军区的军工厂整合起来，成立了总部机械修理所，后来扩大为军工部。

革命根据地大多远离城市，兵工厂大多设在生活条件恶劣的山区，这也导致了专业人士和技术工人的稀缺。为了支援敌后军工生产，中央决定从延安中央军委军事工业局所属单位抽调一部分干部和工人到敌后，在一定程度上缓解了兵工厂对管理人员和技术人员的需求。1940年以后，由于工厂规模扩大，一些军工用品不得不批量生产，对标准化和制式化提出了更高的要求。在当时，大部分工人习惯于手工作坊的生产模式，无法适应制式化的生产劳作。各兵工厂在做工人思想工作的同时加强培训，组织工人学习文化。从识字、算数开始教起，逐步学会看图、认尺子等。另外，各兵工厂还组织技术人员和老工人进行一对一的帮扶，培育了一批适应专业分工的技术工人，提高了生产效率。比如，最著名的黄崖洞兵工厂，始建于1939年9月，截至1942年，该厂工人达到700余人，机器40多台，武器弹药年产量可装备16个团。在整个抗战期间，其产量占根据地所有兵工企业的35%。

在工人的管理方面，起初采取军事化管理，生活待遇和部队保持一致，实行供给制。之后为了调动工人学习技术的积极性，军工部专门颁布了《军工部工厂规则》，从作息时间、劳动纪律、待遇、奖惩等方面进行了制度创新。职工除了基本工资外，按技术等级发放津贴，极大地调动了工人的劳动积极性。

图 2-14 黄崖洞兵工厂旧址

*来源于中国军网——解放军报

（三）革命根据地创办技工学校与工业学校

在兴办工厂的过程中，陕甘宁边区政府采取开办训练班、创办学校等方式，培养、训练技术工人与熟练工人，提高工人队伍的整体素质。

1939 年，中共中央决定在延安东郊桥儿沟创办工人学校，从中国人民抗日军事政治大学职工大队中抽调些有文化、有技术、有经验的工人到工人学校，一边学习，一边劳动，组成建设队，设肥皂、纺毛、印刷、制鞋、红炉等小组。为了将优秀工人培养成高级技工或技师，中共中央于 1939 年 5 月决定建立延安自然科学研究院，以其师资力量协助工厂加强工人的政治文化学习和技术技能教育。1941 年 6 月，建设厅创办一所新型职业学校，将不同学科划分到相关的公有制工厂，比如农具厂设机械学科、新华化工厂设化学学科、难民纺织厂设纺织学科、兴华制革厂设制革学科以及振华造纸厂设造纸学科等。职业学校分高级班和初级班，学制从半年到两年不等。学校按需因材施教，并将教学与生产实际相结合。

图 2-15　延安自然科学院旧址　　图 2-16　延安振华造纸厂的工人在生产

＊来源于陕甘宁——红色记忆多媒体资源库历史事件库

为了培养军事工业人才，八路军总部提出了应尽快开办工业学校的要求。根据指示，军工部于 1940 年在通讯研究室的基础上组建了干部训练队，开始招收并培训管理和技术人员。1941 年，干部培训队到黎城县筹备，并于是年 5 月创办工业学校。因学校位于根据地太行区，故称太行工业学校。学校下设专科班、普通班、会计班和预科班，后又增设工会干部和政工干部训练班。在整个抗日战争期间，学校对外培养了 400 余名中、高级专业人才。

为响应八路军总部的号召，在 1939—1942 年间，新四军第四师军工部先后举办了 4 期爆破训练班，训练内容涉及爆破原理、爆破技术、手榴弹构造与装配工艺等。受训学员都是从战斗部队中选调的有一定文化水平和觉悟较高的优秀战士和干部，这些学员后来成为兵工厂的技术骨干和生产主力。

为了培养更多的技术人才，1945 年 9 月军工部在原有技工训练队的基础上创办了淮北工业学校。学校下设机械工程、化学工业以及水利工程三科，并开设政治、语文、数学、物理、化学、英语等基础课程。学校培训的大多数学员被分配到华中军工部第二总厂各部门及下属分厂，少数学员被分配到军区军工部门工作。

（四）解放区的技工教育——以东北解放区为例

抗日战争胜利后，根据中共中央"向北发展，向南防御"的战略方针，东北解放区成立，山东、苏北、陕西、甘肃、宁夏等地的部队和干部调入东北。1946 年 5 月，在大连"特别解放区"民主政府的倡导下，大连创办了第一所技工学校——大连铁路工厂青年技术学校。1946 年 8 月，东北行政委员会（以下简称委员会）成立。是年 9 月，委员会发布了《关于改造学校教育与开展冬学运动的指示》，提出要以师范教育和职业教育为重点，使教育与实践紧密结合，规定学校教育与短期训练并重，在实施过程中视具体情况而定。

图 2-17　大连铁路工厂青年技术学校车工班师生与制造的机车模型合影

1947 年，解放区相继成立了多所技工学校，如大连技工学校、交通公司技工学校等。除了兴办技工学校外，解放区还采取学徒的方式培养技术人员。比如，大连改革了旧的学徒制度，建立了新的学徒培训制度。1948 年 5 月，大连铁路工厂招收一千余名学徒，师徒自然结合，并签订培训合同。与此同时，工厂定期举行比赛，对于在学徒期间表现优异的给予奖励。同一时期，大连机器厂、关东造船厂等企业也开展了类似的学徒培训活动。另外，关东造船厂还实行学徒考试制度，每个月一小考，3 个月一大考。新的学徒培训机制的建立，既督促了学徒学习技术，又激发了学徒的学习积极性。

解放区的技工学校数量虽少，但为解放战争和解放区经济建设提供了强有力的支撑。另外，在办学体制和培养模式上，为中华人民共和国成立后的技工学校办学提供了借鉴，对我国技工学校的发展产生了积极而深远的影响。

第四节 1949年后技工教育的变迁

尽管我国的技工教育萌芽于清末，但在中华人民共和国成立后才开始以一种较为定型的教育类型得到发展，并逐渐成为职业教育体系的中流砥柱。在一系列国家政策的推动下，我国的技工教育呈现出向好向快的发展势头。

2016年，"工匠精神"首次在政府工作报告中被提及，随即掀起了培养兼具"工匠精神"的高技能人才的热潮，这也为我国的技工教育提供了新的发展机遇。是年，人力资源和社会保障部颁布了《技工教育"十三五"规划》（以下简称《规划》），这是我国第一个技工教育五年规划。《规划》不仅为我国技工教育的发展绘制了蓝图，同时也推动了我国技工院校的科学发展。翌年，在党的十九大报告中明确提出"建设知识型、技能型、创新型劳动者大军，弘扬劳模精神和工匠精神"，进一步为我国技工教育的发展指明了方向。

一、中华人民共和国成立初期的技工教育

中华人民共和国成立初期，我国的职业教育基础薄弱，尤其是技工学校的数量很少，全国仅有三所技工学校。面对国家急需大量技术工人的形势和旧社会遗留下的400万失业人员急需转业培训的现实需求，我国开始积极接管、改革和发展职业教育。

1949年，中国人民政治协商会议通过了《共同纲领》，明确提出人民政府要重视技术教育，应有计划地、有步骤地改革旧的教育制度、教育内容及教学方法，以满足革命工作和国家建设的需要。1953年，我国开始实施第一个五年计划，提出要兴建156个重点项目，对于技术工人的需求激增。自此以后，我国开始有计划地建立培养后备技术工人的制度，并将技工院校划归劳动部管理。技工院校及其学生的数量迅速增加，技工教育进入了一个蓬勃发展的新阶段。

表2-1 1949—1957年全国技工院校数量及在校学生数量变化

年度（年）	1949	1952	1953	1954	1955	1957
学校数（所）	3	22	32	76	78	144
在校学生（名）	2700	15000	23500	43919	45095	66538

＊资料来源：《中国教育年鉴》

（一）服务于生产的技工教育

中华人民共和国成立后，为满足大量失业工人的就业培训需求，我国开展了各类技术培训班，其基本任务是培养和输送具有一定科学文化知识，掌握现代生产技术，全心全意为祖国和人民服务的初、中级技术人才。

1953年，中央劳动就业委员会会同多部门联合召开就业座谈会，要求劳动部门根据生产需求培养技术工人，而不是把培养技术工人作为安置失业人员的手段。基于此，我国技工教育的功能得到了适时拓展，服务于生产的功用开始在制度建设中凸显。一是根据实际生产的需要，设置技工院校技工的培养层次。各产业管理部门可适当提高或降低培训等级，但其培养目标不应低于三级技工。1956年，劳动部颁发了《技工学校标准章程草案》，强调技工学校的培养目标是培养四、五级技工，同时还要求技工学校"培养能掌握一定专业的现代技术操作技能和基础技术理论知识的、身体健康的、全心全意为社会主义建设服务的中级技术工人"。二是为学生生产实践能力的获得建立制度规范。在借鉴苏联技工教育模式的基础之上，劳动部等各部委在第一次全国工人技术学校校长会议上提出，技工学校要积极贯彻实习教学方针。与此同时，在《技工学校暂行办法草案》和《技工学校标准章程草案》中，规定了技工学校的课程设置和教学时间安排。技工学校应开设政治、文化、体育、技术理论课和生产实习课等课程，一般情况下生产实习占学习时间的50%以上。这也就意味着技工学校培养的学生在掌握文化技术知识的同时获得了生产实践能力，以适应社会生产的发展。

（二）技工学校管理体制的确立

中华人民共和国成立初期，技工教育的主要办学形式是各级政府和工会组织举办的技术培训班和学徒培训班，办学条件相对较好的培训班逐渐演变为技工学校。1953年以前，我国并没有把技工教育划归于任何一个单一的国家部门之下进行综合管理。因此，对于技工教育的管理是自发的，呈现出"多头分散"的局面。为了改变技工教育管理分散的局面，提高技工教育服务生产的效率，中央人民政府政务院决定由劳动部对全国的技工学校进行综合管理。自此以后，我国的技工教育管理开始走向系统化和规范化。

在 1954—1956 年间，劳动部先后出台了一系列相关文件，对技工学校的领导管理、工种设置、机构设置、人员编制、经费管理等作出了明确要求。在领导管理和工种设置上，中央财经委员会转批了劳动部制定的《技工学校暂行办法草案》，指出技工学校的开办、变更和停办，由其产业管理部门征得中央劳动部同意后再行审批。同时，各产业管理部门根据国家批准的技工培训计划，开办技工学校，设置相应的工种，培养其需要的技术人员。在机构设置上，针对技工教育教学工作中存在的诸多不足，劳动部于 1955 年年底设立了技工学校教学方法研究室，用以指导技工学校高效开展教学工作。在人员编制和经费管理上，劳动部出台了一系列保证教育教学活动有序运行的文件，如《工人技术学校标准章程草案》《技工学校编制标准定额暂行规定草案》《关于技工学校经常费用预算标准草案》等。

在这一时期，我国的技工教育得到了前所未有的发展。随着我国技工教育办学规模的不断扩大，劳动部在"一五"期间相继颁布了《技工学校暂行办法草案》《技工学校标准章程草案》等文件，建立了我国技工教育的基本制度，及时拓展了技工教育的功能，使得技工教育管理更加科学和规范，为我国技工教育高效地服务于生产和建设提供了保障，也为其今后的适应性发展奠定了基础。

（三）技工学校的办学特点

1. 适应国家经济建设需求

由于"一五"期间经济建设对技术工人的需求，技工教育得到了快速发展。第一个五年计划指出，重点发展文化教育和科学研究事业，努力提升科学技术水平，积极培养国家建设所必需的技术技能人才，并对技工培养的规模提出了硬性要求。

1956 年，在《关于发展国民经济的第二个五年计划的建议的报告》中，周恩来同志指出："为国家培养各项建设人才，首先是工业技术人才和科学研究人才，是教育工作的首要任务。"为了更好地配合"一五"计划中的 156

个重点建设项目，兴建了一批技工学校，如沈阳第一机床厂技工学校、黎明发动机制造公司技工学校、铜川煤矿技工学校、太原冶金建筑技工学校等。在国民经济十分困难的情况下，迅速发展的技工教育培养了大批合格的技术人员，对国家经济建设起到了积极的推动作用。

图 2-18　济南第二机床厂旧址

＊来源于中国工业新闻网

2. 依托产业部门办学

1954 年，劳动部颁发了《技工学校暂行办法草案》，规定各产业管理部门依据各部门对技工的需求设置技工学校，按照国家批准的技工培养计划培养所需工种。

在这一时期，大多数技工学校是由行业企业所办。截至 1957 年年底，行业企业创办的技工学校多达 125 所，占全国技工学校总数的 86.8%。山东省最早的一批技工学校均为行业企业办学，如济南第二机床厂技工学校（创建于 1953 年）、华东煤矿洪山技工学校（创建于 1954 年）、济南汽车制造总厂技工学校（创建于 1956 年）等。依托行业企业办学，不仅秉承了技工学校校企一体办学模式，而且实现了学校招生与企业用工计划相统一。另外，《技工学校暂行办法草案》规定，不直接受厂矿领导的技工学校，应在其直属上级指定的区域内，积极与具备相应条件的厂矿企业沟通联系，以取得厂矿企业在教学、设备等方面的指导和帮助，从而确保各类技工学校的校企合作、协同育人。在校企师资共建方面，"技术理论教师，应由相当于中等技术学校毕业以上程度的技术人员担任；技术实习教师，应选拔具有高小以上文化程度及有一般技术理论常识的优秀技工担任。"

3. 重视生产实习

《技工学校暂行办法草案》颁布后，国家又颁发了《工人技术学校标准章程草案》《关于提高技工学校教学工作质量的决议》等一系列文件，对技工教育的人才培养方法提出了明确要求，要求工学结合，重视生产实践教学，加强实习场所建设，提高学生的动手能力和实践能力。

图 2-19 技工学校教学实习现场
*来源于职教微资讯

1955 年，劳动部召开了第一次全国工人技术学校校长会议，明确指出"生产实习教学是技工学校教学工作的重要组成部分，是培养学生掌握生产技能的基础"，坚持"以生产实习教学为主的方针"，"实习工场的设备应适合课堂教学的要求和现代的技术水平"，"学生的实习可以采用每日两班轮流的办法，以合理地运用实习设备。"1956 年，劳动部颁发了《工人技术学校标准章程草案》，规定技工学校的教学内容要以生产实习为主，生产实习应占总教学时数的 60% ～ 70%。

4. 实行产训结合

劳动部要求技工学校通过生产劳动来培养技术工人，并强调实践教学与生产相结合，通过生产实现实习要求。简而言之，学校和工厂一体化，既培养人才又生产产品。

1958 年，在《工作方法六十条（草案）》中，毛泽东同志提出："一切中等技术学校和技工学校，凡是可能的，一律试办工厂或者农场，进行生产，做到自给或半自给。学生实行半工半读。"是年 3 月，劳动部在天津召开了全国技工学校工作会议，总结推广了西安航空工业第一技工学校的经验，提出"生产实习教学要结合生产产品进行，做到既出产品又出人才"，探索出教学组织与生产组织相统一、教学计划与生产计划相统一、通过生产实习完成教学任务与生产任务等一套完整的经验。另外，一些学校生产的产品处于国内领先水平，如山东省劳动局技工学校生产的硬质合金车刀磨床、北京市劳动局技工学校生产的卧式铣床等都属于高端产品，真正做到生产一流的产品，培养一流的技术人才。

5. 高度重视劳动精神的培养

在《关于提高技工学校教学质量的决议》中，要求在集体生活和生产劳动中不断地对学生进行政治思想教育。在这一时期，学生普遍轻视劳动，所以加强劳动教育显得尤为重要。因此，学校除了在课堂教学中进行经常性的思想教育外，还应有计划地组织学生的班、组和工种间的生产实习劳动竞赛，在竞赛中发扬集体主义精神，培养学生的集体荣誉感。

中华人民共和国成立以来，技工学校长期坚持劳动教育，逐渐形成了独特的办学特色。既符合当时的国情，又在一定程度上反映了技工教育的规律和特点，为后续技术工人的培养提供了参考。

图 2-20　山东省劳动厅半工半读中等技术学校

＊来源于职教微资讯

图 2-21　劳动竞赛技术革新

＊来源于职教微资讯

二、技工教育在曲折中砥砺前行

在"一五"政策的指导下，技工教育的发展已初具规模，并形成了较为详细的体制框架。1958 年，党的八届二次会议强调阶级斗争是我国的主要内部矛盾，要培养工人阶级知识分子队伍，积极进行技术革命，并确立了"鼓足干劲，力争上游，多快好省地建设社会主义"的总路线。自此以后，我国开始了轰轰烈烈的"教育革命"，创办了一大批技工学校，并对技工教育的教育管理权和办学方式做出探索性调整，技工教育随之进入曲折发展阶段。直至"文化大革命"结束，我国的技工教育经历了两次大起大落。技工学校的数量和在校学生人数也随着技工教育政策和体制机制的不断调整出现剧烈波动。在这一时期，由于"左"倾思想的影响，我国的技工教育呈现出混乱和不稳定的发展趋势。

表 2-2　1958—1977 年全国技工院校数量及在校学生数量变化

年度（年）	1958	1960	1962	1964	1971	1977
学校数（所）	481	2179	155	334	39	1333
在校学生数（万）	20	51.7	6.0	12.3	0.9	24.3

* 资料来源：《中国教育年鉴》

（一）技工教育发展历程的跌宕起伏

1958 年，以高速度、高指数为标志的"大跃进"运动在全国范围开展起来，其主要标志是片面追求工农业生产和建设的高速度。"大跃进"运动扰乱了我国经济发展的正常秩序，导致我国的国民经济比重严重失衡。在其影响下，技工教育也陷入了盲目发展的漩涡。与此同时，国务院下放技工学校管理权，提倡多种方式开办技工学校的政策在客观上为"大跃进"推波助澜，使技工院校数量和在校学生数量出现非正常的急速上涨。

为了改变因规模扩大而造成教育质量严重下降的不良局面，1960 年，中央文教小组召开了全国文教工作会议，集中讨论了在教育工作中实行"调整、巩固、充实、提高"的八字方针。此后，全国开始采取压缩办学规模、裁减学校、精简师资等措施对教育事业进行整顿，技工学校数量和在校生人数也随之下滑。经过 1961—1964 年的调整和精简，技工教育重新走上了稳定发展的道路。

但随着 1966 年"文化大革命"的到来，我国的技工教育遭到严重破坏，学校数量严重萎缩，大量的校舍被厂矿占用。截至 1969 年，我国的技工教育几乎不复存在。

　　随着经济的不断恢复和发展，技工教育遭到严重破坏的不良后果逐渐引起国家高层领导人的关注。1971 年 7 月，全国教育工作会议《简报》强调"中等专业院校和技工学校是我国普及科学技术、文化教育的一支重要力量，必须认真办好"。1973 年，全国中等专业学校和技工学校恢复招生。此后，全国各地的技工学校开始逐步恢复办学，逐渐恢复正常的教学秩序。

（二）半工半读的技工教育办学模式

　　1958 年 1 月 22 日，《人民日报》报道了西安第一航空技工学校实行半工半读、经费自给自足的做法，这一做法得到了中共陕西省党委负责人的充分肯定，认为应该大力推广，自此半工半读教育模式受到广泛关注。同年，毛泽东在《工作方法六十条（草案）》中提出"学生实行半工半读"。随后，劳动部在天津召开了全国技工学校工作会议，提出技工学校的教育要与生产相统一，在生产的同时培养和储备技术人才，积极推动半工半读办学模式的发展。

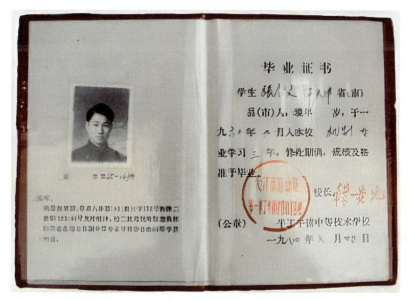

图 2-22　天津市劳动局第一半工半读中等技术学校学生毕业证书

＊来源于职教微资讯

1958 年 5 月，刘少奇在中共中央扩大会议上指出："我国应该有两种主要的学校教育制度和工厂农村劳动制度，一种是全日制的学校教育制度和全日制的工厂、机关工作制度，一种是半工半读的学校教育制度和半工半读的工厂劳动制度。"是年 9 月，中共中央、国务院发布了《关于教育工作的指示》，要求将生产劳动列为正式课程。此后，学校掀起了兴办工厂和农场的热潮，半工半读成为当时技工教育的主要办学模式。但在"大跃进"运动的影响下，半工半读技工学校不顾客观条件盲目发展，经过 3 年的艰难发展，半工半读技工学校最终所剩无几。

经过 1961—1963 年的调整和整顿，半工半读教育制度得以继续实施，部分全日制中等专业学校和技工学校改为半工半读院校，但随着"文化大革命"的到来，半工半读技工学校几乎全部停办。

（三）技工教育管理工作的革故鼎新

1953 年，技工教育划归劳动部全面管理。至 20 世纪 50 年代中期，由中央劳动部直接指挥管理学校的体制弊端开始凸显。地方办学积极性不高，办学形式相对单一，在制约技工教育发展速度和办学质量的同时，也无法满足人民日益增长的技术技能需求。为了加强党对技工教育的领导，使技工院校培养的人才更适合社会主义建设和发展的需要，国家开始逐步采取教育权下放的措施。

1958 年 4 月，中共中央颁发了《关于高等学校和中等技术学校下放问题的意见》，提出"除了少数综合大学、某些专业学院和某些中等技术学校仍由教育部或者中央有关部门直接领导以外，其他的高等学校和中等技术学校都可以下放归各省、市、自治区领导"。为了落实技工教育管理权下放的政策，劳动部将 75 所技工学校下放给各地的省、自治区、直辖市管理。在宏观政策的指引下，虽然开辟了我国技工教育多形式、多渠道的新局面，但也导致了我国技工教育的混乱和失控局面，给我国技工教育的发展带来了一定程度的冲击和影响。

1964 年 4 月，国务院颁布了《关于技工学校综合管理工作由劳动部划归教育部的通知》，将技工学校的综合管理工作及相应经费额度由劳动部划归教育部主管和掌握，劳动部给予协助。此后，教育部采取了一系列措施，不断调整对技工教育的管理。然而，由于当时的政治环境复杂多变，整个教育体系在这一时期受到了前所未有的冲击和破坏，技工教育也未能幸免于难。

三、技工教育的恢复调整阶段

为了实现培养和使用技术工人的一体化，消除"文化大革命"对技工教育所带来的负面影响，1978年2月，教育部、国家劳动总局发布了《关于全国技工学校综合管理工作由教育部划归劳动总局的通知》，将技工学校的综合管理工作由教育部划归劳动总局主管，教育部协助。此后，劳动总局相继出台了一系列相关文件，如《技工学校工作条例（试行）》《关于加强技工学校基建计划和生产计划管理工作的通知》等，在办学体制、招生计划、就业制度等方面对技工教育进行了重大改革。

表2-3　1978—1995年全国技工院校数量及在校学生数量变化

年度（年）	1978	1985	1990	1993	1994	1995
学校数（所）	2013	3548	4184	4477	4430	4507
在校学生数（万）	38.2	74.2	12.3	17.9	18.9	19.2

＊资料来源：《中国教育年鉴》

20世纪80年代中期，我国的技工教育开始探索市场化道路，促使技工教育得以迅速恢复，技工院校数量和在校生人数也随之增长。至20世纪90年代中后期，我国面临经济转型和产业结构升级，技工教育的发展再次面临挑战，技工院校数量和在校生人数略有下降，但总体保持稳定，为未来技工教育的发展奠定了良好的基础。

（一）拓展技工教育的培训职能

在十一届三中全会以前，我国开展技工教育的主要目的是为全民所有制企业培训技术工人，技工学校职能相对单一，发展空间略有不足。为了充分激发技工教育的发展潜力，适应市场发展的需要，我国在技工学校培训范围扩展方面进行了初步探索。

1979年，国家劳动总局颁布了《技工学校工作条例（试行）》（以下简称《条例》）。《条例》延续了改革开放前对技工学校培养目标的规定，明确技工学校的基本任务是培养四级技术工人。随着我国国民经济的快速发展，社会对技术人才的需求越来越大，技工学校的培训范围也在不断扩大。1982年，在《中华人民共和国国民经济和社会发展第六个五年计划》中，提出"招生任务不足的技工学校应当承担培训在职工人的任务，有的可以培训待业青年"。此后，技工学校开始承担培养中级技术工人和培训在职工人的双重任务。

图 2-23　恢复招生的山西太原钢铁公司技工学校

1989年，在劳动部《关于技工学校深化改革的意见》中进一步规定，技工学校除承担原有的培养任务外，还

图 2-24　1979年鸡西煤矿技工学校首届开学典礼

可以根据经济建设和社会发展的需要，有计划、有目的地培养初级技术工人，并承担城镇企业工人、军民两用人才等的培训任务。自此，全国各地的技工学校开始承担多种培训任务，并于1996年再次增加了转岗培训的任务，充分挖掘了技工学校的人才培养潜力，增强了技工教育为社会提供技术人才的能力，提高了技工教育的市场适应性。

（二）技工教育的体制变革

改革开放之初，我国仍采用"统招统配"的工作模式来管理技工教育的招生和就业。然而，随着市场需求的变化，国家开始探索技工教育自主招生就业，逐步构建了新的技工教育招生就业体制。

1980年，国家劳动总局规定技工学校的招生工作要

图 2-25　20世纪80年代技工学校钳工实训教学

在省、自治区、直辖市人民
政府的统一领导下进行，跨
省招生计划由有关部委提出
并联合国家劳动总局下达。
1984 年，劳动人事部在技工
学校招生安排文件中再次强
调，技工学校必须根据国家
下达的招生计划，在各省、
自治区、直辖市人民政府的

图 2-26　唐山车辆厂技工学校开展焊接操作实习

领导下做好招生工作。随着 1985 年《中共中央关于教育体制改革的决定》的
颁布，我国对教育管理体制进行了改革，强调扩大技工院校的办学自主权。

　　1992 年，为使技工教育适应我国由计划经济向市场经济的转变，其管理
部门在招生工作安排上做了相应的调整。1993 年，劳动部发文规定了技工学
校的招生安排，即技工学校实行自主招生，招生计划由指令性变更为指导性。
根据社会需求和办学条件，学校确定年度招生计划，经由主管部门确定后上
报劳动部汇总，再由劳动部下达指导性计划。自此，我国开始按省、自治区、
直辖市分配技工教育招生总数，各有关管理部门可以根据实际需要进行一定
范围的调整。

　　1980 年 10 月，国务院发布了《关于中等教育结构改革的报告》，提出
职业高中毕业生国家不再包分配的意见。1983 年，劳动人事部发文明确要
求：1982 年年底前招收的学生，毕业时仍可按原来的方法进行就业安排；而
1983 年以后招收的学生，毕业时需根据国民经济需求和"三结合"的就业原则，
进行统筹安排，择优分配，不合格的不予录用。此后，国家开始初步调整技
工教育毕业生就业分配制度，为"自主就业"制度的建立奠定了基础。

　　随着市场经济的到来，技工教育必须要与市场需求相融合，适当接受市
场的调控。因此，毕业生就业制度发生了质的变化。1993 年 9 月，劳动部出
台了相关政策，规定除按合同规定实现就业的学生外，未与企业签订相关合
同的学生，毕业后可由学校推荐，用人单位择优录用或自主择业。这标志着
我国技工学校毕业生和用人单位的市场主体地位和双向选择机制初步确立，
并随着市场经济的推动逐步得到落实和推广。

在这一时期，随着我国产业的升级和经济的转型，技工教育面临着新的机遇和挑战。为适应市场发展和人才培养的需要，在相关政策的引导下，我国技工教育不断扩大培养范围，创新办学模式和招生就业管理模式，使技工教育得到全面恢复和及时调整。然而，技工教育的整体发展仍然落后于国家改革的步伐，不能完全满足市场发展的需求。因此，国家仍需改革和创新技工教育体制机制，推动技工教育向好向快发展。

（三）技工学校办学模式的多元化

改革开放前，技工学校经费来源不足，国家拨款只能维持其一般的教学活动。此外，人才培养与社会需求脱节，学校缺乏发展活力。为了充分激发技工学校的办学积极性，加强技工学校与市场、企业的联系，我国开始鼓励社会力量参与办学，倡导多方投资办学，推动技工学校办学模式的多元化。

自1981年以来，我国技工教育逐步形成行业、企业、事业单位各方面联合办学等多种办学模式。1985年，中共中央《关于教育体制改革的决定》中强调"要充分调动企事业单位和业务部门的积极性，并且鼓励集体、个人和其他社会力量办学"，为技工教育多元化办学指明发展方向。随着1996年《中华人民共和国职业教育法》的颁布，我国技工教育多元化办学开始具有一定的法律依据，增加了其合法性。1999年，国务院批转的教育部《面向21世纪教育振兴行动计划》中重申要积极发展技工教育，并在一定时期内，基本形成以政府办学为主体、社会各界共同参与、公办学校和民办学校共同发展的办学模式。

（四）探索建立高级技工学校

随着改革开放的深入，工人队伍中高级工严重短缺，不仅影响了企业的经济效益，同时也在一定程度上影响了企业产品质量。在生产实践中自然养成高级工的方法已经不能满足经济发展的需求，必须探索一条通过学校培养更多、更快、更好的高级工的途径。

从20世纪80年代中期开始，地方和行业部门开始探索如何在学校培养高级工。1985年7月，山东省劳动人事厅批准山东省劳动局技工学校举办机械装备与修理专业两年制高级技工班。1985年10月，陕西省劳动人事厅、机械厅和西安市劳动局、冶金机电工业局经过多次酝酿筹备，在西安市机械技工学校和咸阳机器制造学校举办全省第一批高级技工培训试点班，设车工、钳工两个工种，招收具有相当于高中文化程度和操作技能在四级至五级水平的青年，学制2年，脱产培养高级技术工人。

　　1989年12月，劳动部批复山东省劳动厅，同意在山东省济南市和烟台市试办山东省高级技工学校和山东省烟台市高级技工学校。1990年4月，山东省人民政府批复山东省劳动局，同意试办山东省高级技工学校和烟台市高级技工学校。自此，由劳动部和山东省人民政府正式批准的第一批高级技工学校诞生了。1992年10月，劳动部发布了《关于扩大高级技工学校试点工作的通知》（以下简称《通知》），指出高级技工学校试点工作是

图2-27　山东省高级技工学校成立大会

图2-28　常州高级技工学校成立典礼

成功的，设立高级技工学校培养高级技术工人是可行的。《通知》决定扩大高级技工学校办学试点工作，要求在经济比较发达、办学条件比较好的地区，可根据需要选择1所省级重点技工学校试点高级技工学校。根据实际情况需要，石油、煤炭、电力等部门可选择1～2所部级重点技工学校试办高级技工学校。1994年，劳动部批准设立了一批高级技工学校，如常州高级技工学校等。

　　高级技工学校的建立和发展，不仅实现了高级工的学校化培养，而且解决了高级工培养速度慢的问题，适应了经济发展的需要，并且提升了技工学校的培养层次。

四、技工教育快速发展阶段

跨入新世纪，为了遏制技工教育发展的下滑态势，劳动和社会保障部于2000年发布了《关于加快技工学校改革工作的通知》，要求技工教育遵循"调整布局、提高层次、突出特色、服务就业"的指导方针，积极实施调整和改革。

自2002年起，我国技工教育进入了快速发展的新阶段。技工教育快速发展的背后有许多推动因素，如为应对"技工荒"和"民工荒"问题，我国技工教育担负起培养高技能工人的重任；为适应"简政放权"改革的需要，建立国务院领导下的地方技工教育管理体制；为解决我国东西部发展不协调和贫困学生入学难的问题，技工教育逐步扩大其社会服务范围。与此同时，在形成多层次人才培养体系的基础上，我国不断加强培训机构之间、校企之间的合作，创新人才培养方式，积极为劳动者提供服务，提高劳动者的就业能力、工作能力和职业转换能力。

表2-4　2002—2009年全国技工院校数量及在校学生数量变化

年度（年）	2002	2003	2005	2007	2008	2009
学校数（所）	3075	3075	2855	2995	3103	3077
在校学生数（万）	153.0	191.1	275.3	267.2	398.9	415.3

＊资料来源：《中国教育年鉴》

（一）技工教育新的时代使命

进入新世纪，为了解决高技能人才短缺问题，劳动和社会保障部于2000年发布了《关于加快技工学校改革工作的通知》，要求进一步办好以面向第二产业为主的高级技工学校，并根据市场需求逐步

图2-29　贵州省都匀市城乡劳动者职业技能培训开班典礼

发展面向第三产业的高级技工学校，充分发挥技工学校在培养高技能人才中的作用。在正式加入世界贸易组织后，我国的市场经济环境开始发生变化，产业结构不断调整升级，对服务于生产一线的劳动者的数量和质量提出了新的要求。技能人才需求层次逐步上移，高技能人才需求进一步增加。

　　2002 年前后，"技工荒"和"民工荒"问题的出现再次凸显了我国高技能人才培养的重要性和紧迫性。2006 年，中共中央、国务院印发了《关于进一步加强高技能人才工作的意见》（以下简称《意见》），要求加快高技能人才队伍建设，充分发挥其应有之用。是年，为了贯彻落实《意见》精神，劳动和社会保障部要求高级技工学校和技师学院应制订高技能人才培养计划，推动高技能人才培养。翌年，为了深入贯彻《意见》要求，提升高技能人才培养规模和质量，劳动和社会保障部发布了《高级技工学校标准》（以下简称《标准》）。《标准》规定学校应以培养素质优良的技术技能型、知识技能型、复合技能型高技能人才为主要目标。在培养高级技工的同时，承担企业高技能人才培训及其他职业培训任务。

　　（二）技工人才培养新方式

　　随着市场经济改革的深入，技工教育开启了根据社会发展需要探索人才培养模式的新征程。

　　1. 在职业培训机构方面

　　2000 年，劳动和社会保障部要求加快技工学校等职业培训机构的调整和改革，鼓励和引导各类技工学校、就业训练中心等职业培训机构通过联合、兼并、合作等方式，兴办综合性职业培训基地或职业培训集团，形成职业培训机构新格局，提高技工教育人才培养质量和效率。经过不断的探索和调整，虽然取得了一定的成绩，但依然存在与社会经济建设需求不相适应的问题。因此，2009 年全国职业能力建设工作座谈会上提出，要继续加强人才培养，加强人才培养示范基地和公共实训基地建设，提高高技能人才培养质量和效率。

　　2. 在校企合作方面

　　2002 年 7 月，为了贯彻落实第四次全国职业教育工作会议精神，国务院发布了《关于大力推进职业教育改革与发展的决定》，要求深化职业教育办学体制改革，形成政府主导、依靠企业、充分发挥行业作用、社会力量积极参与的多元办学格局。2006 年，在《关于推动高级技工学校和技师学院加快培养高技能人才有关问题的意见》中，劳动和社会保障部对校企合作培养模式做出了详细规定，要求各地成立校企合作培养协调指导委员会，负责协调完善共同培养、订单培养、顶岗实习等人才培养模式。2007 年，劳动和社会保障部下发了关于人才培养体系建设的文件，再次对人才培养方式提出改革要求，强调校企合作在高技能人才培养体系中的重要地位。

图 2-30　技工学校和就业训练中心开展培训

3. 技工教育管理层级化

为了适应国家改革发展深化"简政放权"的需要，我国开始改变对技工教育的管理模式，建立并逐步完善在国务院领导下，以地方为主的技工教育管理体制。

2000 年，国务院办公厅转发教育部等多部门颁发的文件，为技工教育管理方式的转变奠定基础。2002 年，在《国务院关于大力推进职业教育改革与发展的决定》中明确提出，推进职业教育管理体制改革，建立并逐步完善在国务院领导下的分级管理、地方为主、政府统筹、社会参与的职业教育管理体制。地方政府要承担起发展职业教育的主体责任，加强县级以上地方政府对本地区职业教育工作的领导和协调作用。随后，地方政府、教育行政部门、劳动和社会保障部门等相关部门相互配合，对本行政区域内的职业教育进行管控。此后，劳动和社会保障部发布的有关技工教育的文件也彰显出以地方为主的管理特色。比如，在 2004 年发布的《三年五十万新技师培养计划》中，强调地方对新技师培养工作的统筹规划和组织领导。

2005 年，国务院发布了《关于大力发展职业教育的决定》，强调在"十一五"

期间，继续完善"在国务院领导下，分级管理、地方为主、政府统筹、社会参与"的职业教育管理体制，保证落实地方管理其行政区域内职业教育的责任。在这一方针政策的指导下，技工教育管理体制不断深化。翌年，劳动和社会保障部要求加强地方对高技能人才培养工作

图 2-31　一体化课程教学现场

的领导，制定人才队伍建设规划，要求地方劳动和社会保障部门加强教学督导和评估力度，提高人才培养质量。2009 年，在与技工院校一体化课程教学改革工作相关的文件中，依然将试点院校的检查、督导、评估等日常管理工作交由地方主导，提高管理的效率和灵活性。

4. 增强技工教育社会服务能力

随着国家改革发展过程中新问题的不断涌现，我国技工教育的社会服务功能也发生了变化，即技工教育在服务于就业和经济建设的同时，开始为解决教育公平问题提供助力。

一是促进我国不同地区的协调发展。2003 年，教育部、财政部、劳动保障部联合下发《关于开展东部对西部、城市对农村中等职业学校联合招生合作办学工作的意见》，指出开展区域间合作办学"有利于逐步缩小东西部地区、城市与农村职业教育发展差距，推动职业教育地区间的均衡发展"，且能够促进西部、农村学生通过接受职业教育实现转移就业。2005 年，国务院发布了《关于大力发展职业教育的决定》，强调要把发展职业教育作为城市与农村、东部与西部对口支援工作的重要内容，技工教育的区域协调功能进一步巩固。

二是加大对贫困学生的资助力度，发挥一定的扶贫作用。2004 年，劳动和社会保障部在部分扶贫点上，直接启动"部分省技工学校对口培养金寨县、霍山县贫困学生试点项目"，深化技工教育的扶贫功能。为解决 2008 年灾区学生辍学问题，人力资源和社会保障部发布了《关于对地震灾区开展技工培训援助的通知》，使技工学校承担起抗震救灾的社会责任。

随着改革开放的不断深入，我国社会主义市场经济快速发展，技能型人

才供需矛盾、地区间教育发展不协调等各种社会问题层出不穷,对技工教育的发展提出了新的要求。因此,在这一时期,国家顺应时代需求出台了一系列相关政策,不仅要求技工教育为人才强国战略的实施提供高技能人才,而且对办学组织模式、管理体制和社会服务功能进行了新的调整,推动技工教育取得新的进步。

五、技工教育的新征程

经过近 60 年的探索,我国的技工教育取得了长足的进步,已成为国民经济发展的重要推动力量。随着新时代的到来,我国正逐渐向世界技能高峰迈进。对于高素质技能型人才的强烈需求,使技工教育进入了从"规模发展"向"内涵可持续发展"转变的新阶段。在《国家中长期人才发展规划纲要(2010—2020 年)》的指导下,中共中央办公厅、国务院办公厅、人力资源和社会保障部等部门发布了《关于推动现代职业教育高质量发展的意见》《技工教育"十三五"规划》《技工教育"十四五"规划》《关于深化现代职业教育体系建设改革的意见》等一系列文件,同时《中华人民共和国职业教育法》通过修订并于 2022 年 5 月 1 日起施行。这些政策文件对人才培养定位、特色办学要求、提高毕业生待遇、制定扶贫措施等方面进行了调整,增强了技工教育的吸引力,为技工教育可持续发展提供了保障。

(一)技工院校高技能人才培养与时俱进

随着国内外发展环境的不断变化,以提高劳动者技能为主要目的的技工教育已经不能完全适应社会发展的需要。因此,这一时期的技工教育开始重视"德匠"的培育。虽然以"德魂"为旨、以"匠工"为体的"德匠"培育在 2016 年才成为技工教育的焦点,但"德匠"的培养要求与 2010 年以来技工教育确立的高素质技能型人才培养目标相似。因此,我国的技工教育在此阶段从未停止过培养高素质高技能的"德匠"。在"培养和造就规模宏大、结构优化、布局合理、素质优良的人才队伍"的人才发展目标指导下,人力资源和社会保障部发布《关于大力推进技工院校改革发展的意见》,指出技工院校需要加快培养一流技能人才和高素质的劳动者,推进一体化教学改革,实施技工院校一体化课程认证考核,促进学生素质和能力的提升。

2013 年,人力资源和社会保障部发布了《国家技能人才培养标准编制指南（试行）》，对专业技能人才培养标准的制定提出了规范化要求。标准的制定能够为一体化课程教学的开发提供依据，促进高素质高技能人才培养目标的实现。2016年，随着"工匠精神"的提出，高素质技能人才的培养目标被具体化，立德树人和培育工匠精神开始成为技工教育发展的重要指导思想，工匠精神被确定为技工教育的重点教学内容，融入一体化课程体系当中，贯穿于技工教育全过程。

2021年，中共中央办公厅、国务院办公厅印发了《关于推动现代职业教育高质量发展的意见》，强调将职业技能等级证书所体现的先进标准融入人才培养方案，支持行业企业开展技术技能人才培养培训，推行终身职业技能培训制度和在岗继续教育制度。为进一步完善技工院校高技能人才培养体系，《技工教育"十四五"规划》提出了加强规划引导，推动形成技师学院、高级技工学校、技工学校梯次发展、有序衔接、布局合理的技工教育体系。此外，中共中央办公厅、国务院办公厅在《关于深化现代职业教育体系建设改革的意见》中明确指出，要探索发展综合高中，支持技工学校教育改革发展，并鼓励优质中等职业学校与高等职业学校联合开展五年一贯制办学，开展中等职业教育与职业本科教育衔接培养，拓宽学生成长成才通道，推动技工教育向好向快发展。

（二）技工院校特色化办学

为了适应经济发展方式的转变，满足劳动者迫切提高就业能力和工作能力的需求，突出办学特色已成为新形势下技工教育增强竞争力、扩大影响力、增强吸引力、实现可持续发展的重要内容。人力资源和社会保障部颁布《关于大力推进技工院校改革发展的意见》，提出要坚持高端引领，要结合区域经济发展和产业布局，立足技工教育发展基础，加强规划引导，形成以技师学院为龙头、高级技工学校为骨干、普通技工学校为基础的覆盖城乡劳动者的特色技工教育培训网络。

为了贯彻落实全国职业教育工作会议精神，进一步突出技工教育办学特色，人力资源和社会保障部于2014年发布了《关于推进技工院校改革创新的若干意见》，要求技工教育突出高端引领，不断推进优质技工院校建设，加大高技能人才培养力度，继续坚持多元化办学，深化校企合作，推进集团化办学，切实增强技工教育资源整合和整体办学实力。另外，《技工教育"十三五"规划》中对技工教育的特色办学工作提出"三个坚持"，即：一是坚持校企合作基本办学制度，积极培育校企合作典型，鼓励探索多种校企合作模式；二是坚持高端引领，制订技工教育高端引领计划，加强一流院校、一流专业建设；三是坚持标准化发展，为技工院校专业设置提供规范，为技工教育特色办学提供依据。为有序拓展校企合作形式，在《技工教育"十四五"规划》中提倡校企共同招生招工、共商专业规划、共议课程开发、共组师资队伍、共创培养模式、共建实习基地、共搭管理平台、共评培养质量，形成"人才共有、过程共管、成果共享、责任共担"的校企合作办学制度。在一系列政策的持续推动下，技工教育特色办学工作成效显著，为技工教育的长远发展注入了强大的动力和活力。

（三）技工人才就业创业机制不断完善

随着对技工教育认识程度的不断加深，国家逐渐意识到技工院校毕业生的待遇已成为遏制其发展的重要因素。因此，我国开始就技工院校毕业生待遇问题进行政策探索，不断改善毕业生待遇，为其就业创业提供制度保障。

2010年，为引导技工院校毕业生实现平等就业，人力资源和社会保障部制定了毕业生待遇相关政策，提出对取得高级工以上职业资格证书的技工院校毕业生，其初次就业工资水平参照大专毕业生待遇，由毕业生与用人单位协商确定，并制定相应措施，探索技工院校毕业生参加职称评定试点和公务员考试的路径。2014年，人力资源和社会保障部发布了《关于推进技工院校改革创新的若干意见》，再次调整技工院校毕业生待遇，提出技师学院高级工班、预备技师（技师）毕业生应按全日制大专学历享受相应待遇政策，同时享受高校毕业生就业创业政策。

2016年以前，关于技工院校毕业生待遇的政策大多涉及高级技工院校和技师学院毕业生，对中级技工班毕业生关注较少。在《技工教育"十三五"规划》中，首次对技工院校中级班毕业生待遇作出规定，提出"技工院校中级工班、高级工班、预备技师（技师）班毕业生分别按相当于中专、大专、本科学历落实相关待遇"。为进一步深化就业创业服务，《技工教育"十四五"规划》提出要积极推动技工院校毕业生按规定享受就业创业、参军入伍等相关政策，中级工班、高级工班、预备技师（技师）班毕业生按规定分别按照中专、大专、本科学历落实职称评审、事业单位公开招聘等有关政策。《中华人民共和国职业教育法》明确提出，用人单位不得设置妨碍职业学校毕业生平等就业、公平竞争的报考、录用、聘用条件。机关、事业单位、国有企业在招录、招聘技术技能岗位人员时，应当明确技术技能要求，将技术技能水平作为录用、聘用的重要条件。事业单位公开招聘中有职业技能等级要求的岗位，可以适当降低学历要求。这一系列政策的相继出台，为技能人才创造了公平的就业环境。

（四）实施技能扶贫的技工教育

2010 年，我国大部分地区的温饱问题已经基本解决，扶贫开发工作开始进入深水区，更加强调技能扶贫和永久脱贫。技工教育作为最直接有效的教育扶贫方式，在这一时期也在不断探索各种扶贫方式，为长期脱贫提供服务。

一是完善和落实技校学生的资助政策，满足贫困家庭子女的入学需求，为贫困家庭脱贫带来希望。为了贯彻落实《关于打赢脱贫攻坚战的决定》精神，在《技工教育"十三五"规划》中，明确提出要建立全国、省、市和学校四级技工院校学生资助管理工作体系，健全学生资助管理机构，明确机构职责，加强人员配备，完善资助管理制度，规范工作流程，强化过程监管，确保政策落实。

二是应该实施技工教育援助措施，加大扶贫力度。随着扶贫工作的不断推进，技工教育开始实施多元化的帮扶计划。在《技工教育"十三五"规划》中，提出要发挥技工院校优势，贯彻精准扶贫、精准脱贫基本方略，实施技工教育援助计划，支持贫困家庭子女接受技工教育和职业培训，使其掌握一技之长，走技能成才之路，实现"培训一人、就业一人、脱贫一户"的目标。2016 年，人力资源和社会保障部、国务院扶贫办联合发布了《关于开展技能脱贫千校行动的通知》，对技工教育参与精准技能扶贫给予详细指导，提高技工教育在助力长期脱贫中的质量和效率。

三是为优化区域发展布局。《技工教育"十四五"规划》提出了实施国家乡村振兴重点帮扶地区职业技能提升工程，聚焦国家乡村振兴重点帮扶地区，综合考虑大型特大型易地扶贫搬迁安置区技能培训需求，支持提升一批技工院校和职业培训机构，培育一批劳务技能品牌，培养一批高技能人才，办好全国乡村振兴技能大赛，更好发挥对培训的引领带动作用。

四是大力发展技工教育，全面提高产业工人素质。根据《中华人民共和国职业教育法》的规定，国家应采取措施支持面向农村的职业教育，组织开展农业技能培训、返乡创业就业培训和职业技能培训，培养高素质乡村振兴人才；同时，也要扶持革命老区、民族地区、边远地区、欠发达地区职业教育的发展。此外，应组织各类转岗、再就业、失业人员以及特殊人群等接受各种形式的职业教育，并大力支持残疾人职业教育的发展。

在这一时期，我国技工教育顺应时代潮流，在兼顾社会和个人需求的政策导向下，开始注重人才素质和技能的全面提升，建立提高毕业生待遇的制度，采取多种措施为长期脱贫提供服务，从而有效提升了技工教育的社会地位。

第三章

湖南技工教育发展历程

第一节　1894—1948 年间的湖南技工教育

湖南近代教育始于 19 世纪末，虽起步较晚，但是发展迅速。魏源、曾国藩等在全国范围内倡导实业教育，引领了湖南乃至全国实业教育的发展。中华人民共和国成立后的 10 多年和改革开放后的 40 多年来，湖南技工教育发展迅速，涌现出一批在全国具有影响力的人物，为技工教育的普及做出了突出贡献。

一、湖南近代新式学堂的出现

相较于其他省份，湖南的近代教育起步较晚。据《湖南省志·教育志》记载，在 1894 年以前，全国有新式学堂 25 所，然而湖南 1 所也没有。在甲午战争之后，"变法图强"的呼声日益高涨。在湖南有识之士的倡导和呼吁下，湖南教育界在改革旧学的同时创办新式学堂，推动了近代新式教育在湖南的蓬勃发展。

在 1894—1897 年间，在湖南任职学政的江标对湖南教育进行了改革。以校经书院改革为例，江标接手校经书院，予以财政上的支持，为书院购买书籍，增设天文、地理、测绘等仪器，开设数学、地理等近代科目，让学生在学习经史子集的同时学习科学知识。江标改革书院不仅为湖南传统教育向近代新式教育的转变创造了良好的氛围，也为全省各地有计划地开办新式学堂提供了借鉴。

    1895 年,谭嗣同等人自筹资金成立浏阳算学社。谭嗣同认为,算学是现代科学知识的基础,诸如制造、测量、海上航行等一切学问,都来自于测算。算学社成立的目的是"招俊士,习算法",为学习西学打下基础。谭嗣同甚至计划在算学社附设试验农场、工厂,但因经费困难而无果。浏阳算学社不仅是湖南新政的起点,也开湖南讲求新学之风气,成为以后新式学堂效仿的榜样,为湖南实业学堂的兴办做了前期探索。

图 3-1　浏阳算学社旧址

图 3-2　湖南时务学堂旧址

　　1897 年，湖南时务学堂设立，这是湖南最早的新式学堂。学堂的教学讲求中西并行，要求学生在通彻中国经史大义之后，学习诸如"声、光、化、电、格、算之述作，农、矿、工、商、史、律之记载"等。

　　在这一时期，全省出现了大规模的兴学热潮，其表现便是各地新式学堂的建立和全省书院章程的变通与新学科的增设。这些学堂的培养目标侧重于培养具有实际操作能力的实用型人才，教学内容坚持中西并行，也涉及一部分现代科学知识。它们是旧式封建书院和即将要出现的实业学堂之间的一种过渡形态，起到了承上启下的作用。

二、湖南实业教育的兴起

　　1901 年以后，湖南各级各类教育得到了很大发展，尤其是实业教育。仁人志士把兴办实业作为救国救民之路，并且呼声越来越高。湖南官绅积极响应，从兴办教育、培养专门人才入手，在思想层面达成共识，掀起了兴办实业的热潮。行政当局也顺应形势，支持实业教育，实业教育呈现出良好的发展势头。

　　1902 年，湘绅王先谦、汤聘珍等将长沙的"迁善所"改为

图 3-3　修业学堂旧址

农务工艺学堂，这是近代湖南第一所实业学堂。1903 年，龙绂瑞创办民德学堂，开设裁缝、刺绣和家政等科。1908 年，杨度的夫人及胞妹开办实业女学社，开设造花、织布、缝衣和编物四科。据不完全统计，在 1902—1911 年间，湖南先后创办官、公、私立中等实业学堂共 16 所，分为工、农、商、医四大门类。

　　民初湖南的实业教育也波澜壮阔，引人瞩目。教育家杨昌济认为，国家的根基不是政治家或学者，而是实业家，所以必须提倡实业知识的教育。实业教育家彭海鲲认为，民国时期的当务之急是普及教育，振兴实业，于是变

卖家产筹集资金，于1912年创办了开物乙种农业学校。1914年，易克桌莅任湖南省教育司司长，将发展实业教育作为教育方针之一。他认为湖南的实业"殊为幼稚，即粗有数校，亦设施未备，成绩难稽"，所以要加快发展。与此同时，他深入分析了湖南大力推行实业教育的条件和必要性，即"湘省富于农矿，而实业幼稚，游民众多。细察近年社会纷扰情形，亦莫非不克自谋生活之故"，并将实业教育看成解决诸多社会问题的有效途径之一。

在实业教育思想蓬勃发展的情况下，省政府也采取了多种措施来表示对实业教育的支持，为其发展提供了有力保障。1913年，省政府对各地办学较差的实业学校进行整顿，撤换了一批不合格的校长。1917年，省长谭延闿训令甲种乙种各校、高等工校和各属工校的校长，务必遵章改良办学条件，真正使学生掌握基本的工业技能知识。同时，他还呼吁迅速恢复被战火破坏的实业学校。1919年，张敬尧督湘时也标榜创行职业教育以裕民生。他认为职业教育不应该局限于在校学生，更应拓展到社会上的成年人，让他们掌握谋生技能。省教育行政部门也高度重视实业学校学生的实习，专门联合相关学校制定了实业学校毕业生见习规程，并要求各地积极配合。

在1912—1914年间，实业教育的思想得到广泛传播，各种类型的实业教育纷纷开展，实业学校相继创办。此后，湖南局势动荡，实业教育遭到极大破坏。但是实业教育的思潮并没有停止，仍然有人在极力宣传。虽然实业教育一时没有达到富国强民、救亡图存的目的，但在这股教育思潮的冲击下，学习实用生产技能成为一种时尚，大量学生入读实业学堂，对充实人民生活、安置就业、稳定社会起到一定的作用。

图3-4　湖南高等学堂旧址

*来源于湖南大学—法学院

三、湖南职业技术教育的演进

从清末张之洞等在教育宗旨中提出的尚实，到 1912 年蔡元培提出实利主义的教育方针，都是提倡发展实业教育以解决人民生计。由于中国经济不发达，而实业教育又与社会经济脱节，既未能增强国家经济实力，又不能为社会失业问题提供解决生计的途径。对此，中国教育界与实业界有识之士如陆费逵、郭秉文、陈独秀、蔡元培等纷纷开始探索教育的出路，或著文或演讲，宣传介绍欧美及日本的职业教育理论和实践，大力倡导职业教育。1917 年 4 月，黄炎培联合全国教育界与实业界著名人士蔡元培、梁启超、张謇、宋汉章等人在上海创立中华职业教育社，并于 1918 年创设上海中华职业学校，成为中国最早建立的宣传、试验与推广职业教育的机构。在黄炎培等人大力倡导与推动下，"职业教育"一词乃盛行于社会，职业教育思潮随之而兴起。

1937 年后，我国进入全面抗战阶段，所有教育工作转入战时轨道为抗战服务。抗战爆发后，湖南的职业教育备受社会各界重视。虽受条件限制，进展缓慢，但依然保持了一定的发展态势。

据王德华在《湖南中等教育概况》中记载，1937 年全省的公私立职业学校已达 44 所，到 1941 年实施分区设学后，每个行政督察区都配有 1 所省立职业学校，并设立了 2 所护士助产职业学校。由于县立和私立职业学校置办设备不易，因此入学人数不多，发展势头不及中学迅速。到 1946 年年底，省立职业学校有 12 所和 1 个补习班，县市立职业学校 11 所，私立职业学校 39 所。职业学校的设科尚能适应抗战的需要，高级职业以工科、农科、医护科为主，低级职业则以刺绣、缝纫等为主。其中，14 所职校开办了工科，包括机械、电机、化学、纺织、土木、水利、电信、皮革等科别，另外还有 6 所职校开设了护士助产学科，19 所职校开设了农科，仅有 1 至 3 所职校开设了商科、文书科和艺术科，其余的 20 多所都为缝纫、刺绣等科，服务于战时的色彩很浓。

同一时期，革命根据地的职业教育也取得了很大的发展。各抗日根据地建立了一批著名的中等学校。晋察冀边区的中等教育是在非常困难的情况下发展起来的，到 1940 年有中学 9 所，培养了 7000 多名中级干部。而此时期，学校无论是大学还是中学，都具有干部学校的性质。抗日根据地的干部学校教育具有以下特点：一是学制灵活；二是办学形式多样；三是课程设置与实际需求结合紧密。

解放战争时期，特别是后期，对干部学校的布局和规模进行了较大调整，为中华人民共和国成立后的高、中等教育发展奠定了基础。到20世纪40年代后，人们对职业教育与经济的关系有了更清晰的认识。但是，职业教育中脱离实际、不切实用的问题仍然不同程度地存在。由于造成这种问题的内、外部诸多原因没有消失，因此这些问题直到1949年也未能得到根本解决。

第二节　1949—1976年间的湖南技工教育

一、湖南技工教育的发展

伴随中华人民共和国成立后国民经济的恢复和"一五"计划的实施，湖南重工业投资了3.91亿元，并且兴建了一批大中型企业。但工业战线急需培训大量技术工人，这促使湖南于1951年6月16日在株洲机车厂创立了第一所工人技术学校——株洲铁路工厂技工学校。该学校由衡阳铁路管理局策划建立，株洲机车厂进行实际管理。学校所在地坐落在株洲机车厂的东南侧，总面积为680平方米。

随后，湖南省境内其他大型企业也纷纷办起了技工学校。1952年10月，331厂将技工训练班更名为中南248工人技术学校；1955年5月，衡阳有色机电工人技术学校成立；1955年6月，湖南省劳动局工人技术学校建立；1956年4月，长沙机床厂技工训练班改为技工学校，湘潭电机厂技工训练班改为448厂工人技术学校，湘潭282厂工人技术学校建立。是年7月，地质部第三局工人技术学校创办，并于同年9月招生。这些相继成立的技工学校，尽管有着积极的发展态势，但在实际办学过程中仍然存在一些困难和问题：

（1）这些技工学校办学条件较差，缺乏校舍、生产实习场地和设备。以331厂技工训练班为例，教室和食堂都是搭建的工棚，两台破旧的日本皮带车床要应付五六十名学生的实习需要。

（2）各技校学制和培训目标没有统一，有的学制两年，有的一年半，有的只有半年。同时，不同技工学校的培养目标也有所不同，有定为四级的，也有定为三级或五级的。

（3）教材由各校自行编印，师资力量严重不足，缺乏生产实习场地和教室。300～400人的技工学校，只有5～6名教师。此外，技工学校的领导体制不健全，规章制度极不完善。

1955年12月，湖南劳动人事厅在长沙召开了湖南省技工学校第一次校长座谈会，旨在解决技工学校的困难和问题。会议传达了全国第一次工人技术学校校长会议的精神，明确"以生产实习教学为主、提高技工学校教学质量"的方针，并就如何办好湖南省各技工学校的问题进行了讨论。此后，湖南劳动人事厅综合管理湖南省境内的技工学校，结束了各行业、各厂矿企业孤立办技校的历史。

在技工学校的建设方面，湖南省主要采取了两个措施：（1）改善办学条件，增添实习设备，并逐步建立完善的学校管理制度；（2）重视技工学校思想政治工作，为学校配备政治副校长，并充实政治工作队伍，加强对技校学生的理想和政治形势教育。湖南省的技工学校学生培训质量逐步得到提高，绝大部分毕业生达到四五级工的中级技术工人培养目标。同时，技工学校的数量和培训规模也在不断扩大。到1957年年底，湖南省共有10所技工学校，可容纳学生5000人，建筑面积为56206平方米，机床设备共有470台。

二、湖南技工教育的"突飞猛进"

1958年5月，中共八大二次会议制定了"鼓足干劲、力争上游、多快好省地建设社会主义"总路线，提出了"赶英超美""全面大跃进"的口号。受此影响，1958年湖南新设技工学校16所，1959年新建3所，1960年新增106所。截至1960年年底，湖南共有技工学校136所，在校学生由1957年年底的1954人增至41682人。由于仓促上马，办学条件较差，师资匮乏，缺乏实习场地和设备，难以实施正常教学。为了解决这些问题，各技校贯彻"教育为无产阶级政治服务，与生产劳动相结合"的方针，实行技工学校半工半读，逐步实现经费自给、半自给。在教学计划、教学大纲、教材的改革方面，各技校根据"做什么,学什么"的原则,围绕产品进行教学,并组建"四结合"教材编写组,由办学人员、教师、技术人员和工人共同编写教材。通过"破、换、补、合、增、删、并、移"的方法,将课程门类缩减了一半,如机械类工种只开设政治、数学、制图和专门工艺学。但是,这样的改革导致技工学校培训的技师质量普遍下降。

1961年,国民经济遭受严峻的挑战,这使得技工学校被迫缩减。其中,2000名年龄小、体质差、没有粮食户口关系的学生被清退,湖南省下马了70多所技校,精简学生2.6万多人。1962年,湖南省又撤销了27所技校,仅保留了7所技校,在校学生减至1517人。

1963年4月,湖南劳动人事厅向全省各技工学校转发了劳动部《关于1958年以来技工学校的总结》。该文件总结了1958年以来办技工学校的经验、教训,确定技工学校以"教学工作为主,教学工作以生产实习教学为主"的方针,纠正"大跃进"期间忽视文化技术理论教学,以生产劳动代替生产实习教学,乱砍乱改课程,教材脱离实际,追求经费自给的偏向。自1964年7月湖南省各技工学校综合管理权限划归湖南省教育厅后,半工半读教育制度试点开始实施。根据《湖南教育统计资料》显示,1964年湖南共举办了719所半工(农)半读职业中学,在校学生达到47991人。1964年12月,湖南省教育厅提出了农、林、工科中专也应尽快向半工(农)半读学校过渡。湖南林校、湖南省邮电学校率先试行,其中湖南林校的师生轮流到天际岭林场进行实地教学,白天劳动开荒、植树造林,晚上上课学习;湖南省邮电学校的线路专业课教学就在长沙至益阳长途电信线路更新改造工程工地上进行。但是受到"文化大革命"的影响,这一试点并未取得结果。

三、湖南技工教育的"停滞不前"

1966年,"文化大革命"爆发,教育领域成为重灾区,技工教育也受到了严重破坏和摧残,导致几乎所有技工学校停办。

1967年7月18日,《人民日报》出台《打倒修正主义教育路线的总后台》一文,全面否定了中华人民共和国成立17年以来的教育工作,批判"半工半读"是资本主义的翻版,促使相关学校停办。教师和干部被下放到农村、上干校或插队当社员，前后经历三年左右，虽然受到一定的锻炼，但长期荒废教育工作，导致许多人在心理和身体上都受到了创伤，对教育工作损失极大。到 1969 年，技工学校几乎被摧毁殆尽，全国中等技术学校的学生数只剩 3.2 万人。

在"文化大革命"中，湖南的职业教育遭受了严重的破坏。1966 年 5 月 16 日发布《中国共产党中央委员会通知》（即"五一六通知"），明确提出"要彻底揭露那批反党反社会主义的所谓'学术权威'"，清洗混进党内、政府内、军队内的资产阶级代表人物。受到全国影响，长沙的高校师生自发掀起批判"三家村"和湘籍文化名人田汉、翦伯赞等人的高潮，为湖南的"文化大革命"揭开了序幕。学校里的大字报铺天盖地，许多教师被点名为"反动学术权威"，被关进牛棚进行强制劳动和批斗，学生停课闹革命。到 1966 年 11 月，所有大、中专和小学全部停课。省、市委派往学校的工作队也遭受了师生的"炮轰"，湖南省委和省教育厅已失去对学校的领导权力，领导干部被排除在边缘。

"文化大革命"期间，省、地、县原教育行政部门被撤销，导致湖南的教育结构被打乱。中等专业学校由"文革"前的 113 所，到 1969 年仅有 22 所；技工学校由"文革"前的 39 所，到 1970 年仅存 2 所。此外，多种形式办学被否定，成人教育、高中等函授教育、干部业余教育均被取消，农业职业中学解体或转办为高中。校舍、校产也遭到了破坏，许多校舍被搬迁或占用，设备、图书、实验设备等也因打、砸而损失惨重。教师队伍也受到了严重摧残，大量教师被下放或转业，导致学校多年建设的师资队伍散失。即使留在学校的教师，也因为忙于各种运动而无暇承担业务。例如，原湖南省交通学校被迫停办，老师下放至"五·七"干校，校舍被长沙装卸机械厂所占用。

"文化大革命"给教育事业带来的教训极为深刻。首先，它把整个教育事业引向了错误的政治方向，破坏了多年实践检验的正确办学指导思想。其次，背离了现代教育的发展趋势，破坏了原有的正在萌芽的反映客观需求的教育结构框架，使中等职业学校在校学生占高中阶段学生总数的比重，由 1965 年的 53.2% 迅速降为 1970 年、1976 年的 1.03% 和 5.8%。同时，全民所有制工业系统中技术人员占职工总数的比重也由 1965 年的 4.1% 下降为 1965 年的 2.9%，使得中等教育结构倒退到单一状态，人为地将教育与社会需求之间的矛盾激化起来。最后，由于耽误了实用型人才的培养，使人才结构比例失调，技术人员和技工队伍得不到正常补充，影响了后来经济的发展。

第三节　1977年后的湖南技工教育

一、湖南技工教育的恢复与发展

技工教育在"文化大革命"中遭到了摧残，技工学校基本被撤销和停办，学校校舍被占用，实习场地很多被当地办成地方所有制企业，原本定型的教学实习产品已被转化为工业产品，多年形成的师资队伍90%已流失。为满足经济建设的迫切需求，湖南省采取了一系列措施，恢复和发展技工学校与培训工作，使局面逐步有所改善。

（一）改革技工学校毕业生分配制度

"文化大革命"后，湖南省首先恢复招生的是中国人民解放军第五七一二工厂技工学校和邵阳地区工业技校，招生对象为上山下乡两年以上的知青，以办校单位或其本系统的职工子女为主，采用"自愿报名、群众推荐、领导批准、学校复审"的办法。这种仿照招工的招生方法一直延续到1978年。1979年，《技工学校工作条例（试行）》颁布，技工学校的招生按照《条例》要求，实行德、智、体全面考核，择优录取，由各技校或地市命题考试，但仍以办学单位内部招生为主。1980年，开始试行"定向招生、定向分配、全面统考、分片录取"的招生办法，首次实行技工学校统考。为了严格考试纪律，提高新生质量，省技工学校招生办公室制订了《湖南省1980年技工学校招生工作实施细则》《试卷传递、保密、拆封办法》《试卷失密补救措施》《考场设置的若干规定》《监考人员守则》等一系列制度。

为消除技工学校内招给企业带来的职工队伍"近亲繁衍"、新生质量不高的弊端，1982年开始，湖南技工学校实行"面向社会、公开招收、择优录取、取消内招"的原则，并压缩了车、钳、电、铸等机械工种的长线工种招生，增加了化工、轻工、服务等短线工种的招生。同年9月，株洲市劳动局开展了学费、生活费、医疗费自理，不包分配的"三自一不包"培训试点。1984年，湖南技工学校开始参加全国技工学校招生统考，实行政治、语文、物理、化学各一张试卷，总分500分；高中和初中毕业生分开统考、分开录取，实行不同学制；允许矿山井下、森林采伐、野外勘探三大行业的技校在本系统、本单位择优招收子女，并对归侨、少数民族、华侨子女等照顾 50 分择优录取，同时为调动办学单位办学积极性，厂矿企业办的技工学校可降低 50 分录取办学单位子女。

为了筹集资金、提高技工学校的办学条件，湖南省劳动人事厅于 1985 年开始在全省劳动部门创办的技工学校中开展集资办学。该模式允许技校拿出当年不超过招生总数 1/3 的招生指标，由那些需要将自己的职工子女培养成技术工人而自己又无能为力举办技工学校的企事业单位，按每生每年 1000～1500 元的标准向技工学校缴纳培训费，以换取定向招生名额。为保证这种方式招生的新生质量，湖南省劳动人事厅作出录取比例不能低于 3∶1、单科统考成绩不得低于 20 分、总分不低于 200 分的录取规定。此后，湖南省相继实行了差额招生和计划外培训，通过控制差额招生比例、淘汰学籍和择优分配等方式，进一步优化了技工学校的招生质量和管理体系。

（二）重视师资队伍建设

为提高技工学校师资队伍水平，湖南省认真抓好技工学校教师和干部的充实和进修提高工作。1984 年，湖南劳动人事厅在湘潭钢铁厂等技工学校进行评定技工学校教师职称的首次试点。同年 9 月，全国职称评定暂时停止，但湖南省已有 15 所技工学校开始了这项工作，共审批讲师 94 人，工程师 137 人，助理工程师 313 人，技术员 230 人。截至 1984 年年底，湖南省技工学校（不含部属 34 所技工学校）拥有专职教师 1762 人、兼职教师 148 人和生产实习教师 224 人。在文化技术理论课教师中，421 人具备大学本科学历，606 人具备大专学历，362 人具备中专学历。在生产实习教师中，146 人具备四级工以上的职业资格证书。

1986 年，湖南省技工学校教师职称评定工作在经历两年的暂停后重启。湖南劳动人事厅和 13 个地市劳动局组建了省、地两级技校系列职改领导小组和办公室，组建湖南省技工学校教师系列高级职务评审委员会。此外，湖南省交通厅等 11 个省直主管厅、局、公司和 13 个地市也相继组建技工学校教师系列中级职务评审委员会。各技工学校同样组建了初级职务评审委员会。为全面开展技工学校教师职改工作做好准备，湖南省劳动人事厅在长沙市电子技校、株洲市中级技校先行试点。1989 年，湖南省劳动厅技工学校教师系列评审委员会共评审了 97 所技工学校，评出高级职称 210 人、中级职称 881 人、初级职称 1283 人。针对技工学校生产实习指导教师的学历较低和教龄较短的特点，对某些特殊工种和传统工艺具有特殊技艺的实习指导教师，制定了学历和外语可不列为必备条件以及教龄可适当放宽等特殊政策。除了全面开展技工学校教师职称评审工作之外，湖南省劳动厅，各地、州、市劳动局，省直各主管厅、局、公司以及各技工学校有计划、有组织地开展了技工学校教师的专项业务知识培训。同时，在第一个教师节活动中表彰优秀教师和班主任，从而稳定了技工学校的师资队伍。

（三）建立实验实习基地

技工学校多为厂矿企业主办，生产实践时间占总教学时数的比例最低为 40%，一般为 50%，高者可达 60%。此外，这些学校通常拥有一定的生产教学场所，由省、地（市）劳动部门直接领导的技工学校也有主管部门指定的厂矿企业作为生产教学场所。1978 年以后，国家劳动总局规定实习工厂和实验室等用房的人均定额最低为 24 ～ 30 平方米。同时，建议应配备一定数量的生产实习设备和工具，且能够满足每个学生有一个实习位置，设备品种应能满足教学大纲的要求，学习产品则需能够满足基本操作训练的要求。不宜在学校建立实习工厂的，应有固定的挂钩生产实习基地。以上规定加快了技工学校实验室和实习工厂的建设。

在 1979—1984 年间，国务院有关部委、湖南省和地（市）财政相继拨款，各厂矿企业也设法自筹资金，共用于省内各类技工学校经费达 11579 万元。截至 1984 年年底，全省 126 所技工学校占地面积 182.1050 万平方米，校舍面积 51.5337 万平方米，为 1965 年的 5 倍；校建生产实习厂房占 22.3717 万平方米，为 1965 年的 22 倍；生产实习设备共 2110 台，为 1965 年的 4.2 倍；实验室共 212 个，配备仪器仪表 33521 件，固定资产总值 7603 万元。同时，生产实习的计划性也得到加强。根据教学计划和教学大纲要求，制订了生产实习的计划，确定生产的主要产品。指导教师根据教学要求和生产条件，编制了长期和短期计划，并在实习前提供示范，在实习过程中加强辅导，在实习后进行严格考核。技工学校生产教学的社会效益和经济效益不断增长。例如，南方动力机械公司职工工学院在 1975 年至 1983 年间，生产 15 吨螺旋式千斤顶 2000 台，长江 750 摩托车直流发电机 400 台和后三轮摩托车 660 辆，总产值达 450 万元，纯收入达 150 万元。长沙市电子技工学校在 1981 年至 1983 年的生产总值为 260 万元，获得 4 万元的纯利润，超过这一时期市财政拨给该校的基建和设备投资资金。

此外，各地还积极解决技工培训的经费问题。从企业职工工资总额中提取 1.5% 和知青经费项目中划拨一部分资金，用于加强技工教育和提高培训质量。同时，积极依靠劳动服务公司和技工学校筹办就业培训中心，技工教育得到迅速发展。

二、湖南技工教育的机遇与挑战

十三届二中全会后，我国技工教育得到了很大发展，但与经济发展的需要相比仍存在很大的差距。在三类中等职业教育中，技工教育所占比重过低，按照 1995 年的统计数据，技工学校数仅占 25%，在校学生数也仅占 18%。进入 20 世纪 90 年代，湖南的产业技术装备快速升级，区域经济对高级技工的需求日益迫切，因此培养高级技术工人的问题也被提上了议程。

（一）学校规模不断扩大，教学质量稳步提升

1989 年，根据劳动部《关于技工学校深化改革的意见》，湖南省制定《关于技工学校进行教学改革的意见》《关于进一步办好技工学校，不断提高培训质量的意见》等文件，推动了技工学校的快速发展。技工学校的发展主要表现在以下三个方面：

一是技工学校的办学规模得到扩大。截至 1991 年，全省 161 所技工学校总计招收学生 23984 人，在校学生达到 55940 人。到 1996 年，全省技工学校已达到 166 所，其中国家级重点技工学校 11 所，省部级重点技工学校 23 所，在校生人数超过 8.3 万。

二是技工学校教职工队伍结构发生了较大变化。非教学人员大幅减少，省属技工学校的生产实习指导教师和文化技术理论教师得到增加。与此同时，技工学校教师的职务评聘工作得到有序开展，共评审出 76 名高级讲师和 5 名高级实习指导教师。此外，学术活动和教研活动得以进一步开展，全省职业技术培训学会成员增加，编写并发行了《法律常识》《思想品德修养》《企业管理常识》3 本教材。

　　三是技工学校管理体制发生了改变。学校恢复了党委领导下校长负责制，思想政治工作得到普遍加强。

　　（二）职业培训体系初步形成

　　1989年，经湖南省政府批准成立由省劳动厅牵头、有关部门负责人参加的"湖南省工人考核委员会"，日常工作由省劳动厅培训处负责，各地、州、市、县也建立了相应机构。最初，该委员会主要负责工人考核和技师评聘工作，鼓励工人学习技术，强调工人晋级必须进行考核，通过考核促进培训。之后，工作范围逐渐扩大到技工学校、职业学校，并扩大考试项目范围，由单纯的工种技术技能考试，逐渐向职业资格认证过渡。以1993年为例，全省共有2.53万名技工学校毕业生，其中有9824人达到四级水平，15%的毕业生获得五级技术等级。"双证制"（学历证及职业资格证）从技校扩大到职业高中、职业中专和就业培训中心，技师、高级技师评定人数达4000多人。

　　湖南的职业培训质量稳步提高，到1996年，技工学校毕业生技能鉴定中级工合格率达到了65.7%，就业率达到了90%。同时，在职职工培训工作力度进一步加大，全省近60万在职职工接受了培训，设有55家高级技工培训站（点），培训高级技工3000多人。为进一步规范职业培训市场，1996年4月19日，湖南省劳动厅颁发《湖南省社会办职业培训管理规定》，并部署在八九月份对社会办职业培训进行一次集中清理整顿。在此期间，全省登记发证的职业培训机构299家，限期整顿162家，撤销取缔61家，对部分乱培训、乱发证的单位和个人依法予以处理。职业技能鉴定工作快速发展，全省设立国家职业技能鉴定所115家，颁发26个工种的鉴定评审标准，全年对6.3万人进行职业技能鉴定。为了建立起培训、考核与就业相结合、与待遇相联系的激励机制，1996年6月28日，湖南省劳动厅颁发实施《湖南省从事技术工种的劳动者实行职业资格证书制度的暂行规定》，初步形成了一个多形式、多渠道、多层次的职业培训体系。

三、湖南技工教育在改革中发展

　　（一）技工学校规模进一步扩大

　　在2002年召开的湖南省职业教育工作会议上，湖南省劳动和社会保障厅厅长赵湘平作了"切实加强职业教育培训，全面提高劳动者就业能力"的典型发言，提出要深化技工院校能力建设，加强对高技能人才的培养。

技工院校是技术技能人才的重要培养基地和摇篮，是国家职业教育事业不可或缺的重要组成部分。湖南技工学校的发展主要是两个方面：一是以加大技工学校招生改革为中心，促进技工学校各项工作全面发展。1999年制定并下发了技工学校招生改革意见，将沿袭了20年的技工学校招生全国统考制改为以初中毕业会考成绩为录取依据，技工学校自主招生，并逐步实行登记入学制度。通过这一改革，全省技工学校招生人数达到2.3万余人，比1998年增加了2000人，其中高级技工班招生943人。1999年，全省技校毕业生中级工合格率达到75%左右，毕业生当年就业率为90%左右。二是按照"调整布局、提高层次、突出特色、服务就业"的要求，通过政府主导、市场引导、专家督导等手段，整合教育培训资源，推动技校加快改革；完善政策，优化环境，拓宽通道，创新技能人才培养模式；实施技能振兴工程行动计划、国家高技能人才培训工程和"三年三万新技师培养计划"，大力推动高技能人才培养。经过调整改革，我省形成了以技师学院为龙头，高级技校、重点技校为主体的技工教育体系。到2002年，全省共有147所技工学校，其中高级技校22所；招生6万人，在校生12.2万人，其中高级技工班在校生达1.6万人；技工学校毕业生就业率达到92.5%。技工学校毕业生成为就业市场抢手的人才、成为企业生产和经济发展的主力军。

尽管技工学校发展势头良好，但仍存在一些困难和问题，例如技工教育经费投入不足，筹资渠道不畅，规模不能适应社会需求；社会存在对技能劳动者的偏见，轻视能力、重视学历；技工教育还处于弱势地位，没有完全享受平等的待遇，如不能公平地参与招生、校办工厂不能享受税费减免、与教育附加费无缘等。为了解决这些问题，湖南省劳动和社会保障厅提出，技工学校要继续坚持以就业为导向，注重能力培养，深化改革，扩大办学规模，提升办学层次，将技工教育做大做强。

（二）职业培训体系的建立

1. 加强政策指导和制度建设，建立和完善全省职业资格教育培训体系

为了职业培训工作逐步走上制度化、规范化轨道，湖南省先后制定颁发了《湖南省职业技能鉴定所（站）管理办法》《湖南省国家职业资格证书管

理暂行办法》《湖南省职业技能鉴定考评员管理办法》《关于加强和规范企业职工职业技能鉴定工作的通知》《湖南省职业技能鉴定专家委员会管理办法》《湖南省职业技能鉴定所（站）年度审查和综合评审工作细则》《关于进一步推动职业院校实施职业资格证书制度的通知》《湖南省职业技能鉴定质量督导实施办法（试行）》《湖南省职业技能竞赛管理办法》等一系列规范性政策文件，推动了我省职业培训的健康快速发展。

2. 职业技能鉴定的组织网络形成、范围扩大

至 2000 年，湖南省已在全省 14 个市州和部分县市设置了 299 个国家职业技能鉴定所，形成了覆盖面日益扩大的鉴定网络。此外，培训、考核、聘任了 4000 余名考评员和 120 余名督导员，并聘任了 100 名鉴定专家，为职业技能鉴定工作提供了强有力的支持和保障。

"十五"期间，湖南省职业技能鉴定工作取得了显著进展。2001 年和 2002 年，分别有 18.9 万人和 23.59 万人参加职业技能鉴定；到 2003 年，全省共有鉴定所 402 家，取得考评员资格的有 7125 人，共有 25.8 万人参加职业技能鉴定，其中 22.56 万人获得职业资格证书。2004 年，职业技能鉴定范围进一步扩大，全省鉴定所（站）数量增至 453 家，取得考评员资格的有 6218 人。全年共鉴定 31.2 万人，24.1 万人获得职业资格证书，其中 1.6 万人获得高级职业资格证书，4146 人获得技师资格证书，283 人获得高级技师资格证书。此外，湖南省劳动和社会保障厅还评选出 18 个单位为"2004 年度全省职业技能鉴定全面建设先进单位"、17 个单位为"2004 年度全省职业技能鉴定鉴定绩效先进单位"、14 个单位为"2004 年度全省职业技能鉴定质量诚信先进单位"、14 个单位为"2004 年度全省职业技能鉴定品牌职业技能鉴定示范单位"。

至 2005 年，全省共有鉴定所（站）437 家，取得考评员资格的有 3843 人，35 万人参加技能鉴定，27 万人取得职业资格证书，其中，2.2 万人取得高级职业资格证书，6080 人取得技师资格证书，426 人取得高级技师资格证书。另外，在"十五"末期，全省鉴定所总数已达 431 家，计算机信息技术考试站总数达到 132 个。省、市两级鉴定中心共有专兼职工作人员 200 多人，各类职业技能鉴定所管理人员及工作人员 1300 多人，在聘考评人员近 4000 人。总的来说，湖南省职业技能鉴定工作的规模在快速发展，鉴定等级在不断提升，

提供鉴定服务的层次也更为全面。

"十一五"期间，全省组织 200 万人参加职业技能鉴定，150 万人取得资格证书；组织鉴定国家职业资格三级（高级工）以上 25 万人，并积极为计划培养的 10 万名技师（含高级技师）提供鉴定服务。重点抓好从业人员多、技术要求高的 200 个职业（工种）的技能鉴定工作。培训认证 6000 名考评员、500 名督导员，努力打造一支素质高、技术精、作风硬的考评员和督导员队伍。建立 100 个职业的专业委员会，充分发挥专业委员会在开展学术交流、编写教材、设立职业标准和鉴定题库、组织竞赛及业务咨询等方面的重要作用，为职业技能鉴定事业的发展提供技术支持和保障。

3. 职业培训健全发展

（1）完善职业培训体系

湖南省职业培训事业在"十五"期间获得了飞速发展，建立起了一个以就业为导向，以能力为核心，培训类型多种多样，涵盖各个职业资格等级的多层次职业培训和技能鉴定工作体系。

2004 年年初，湖南省开始实施职业培训年计划。考虑到新兴产业、支柱产业和传统技术行业中高技能人才紧缺的情况，全省全面实施高技能人才培训工程，建设了 100 个高技能人才培训基地，致力于实现"三年三万新技师"的培养目标。为激发高技能人才市场活力，在服务业方面推行"名师主理"和"名师服务"挂牌制度。同时加大对下岗失业人员的再就业培训和创业培训力度，将创业培训向农村富余劳动力、大中专学生和特殊群体延伸。此外，在企业内推行在职职工培训，鼓励企业在关键职业（工种）和工序上设立首席职工或职位，培养技能领头人。

（2）实施"三个工程"培训计划

2003 年以来，湖南实施技能振兴行动计划、国家高技能人才培训工程和"三年三万新技师培养计划"，形成了以技师学院为龙头，以高级技校和重点技校为主体的技工教育体系。

2003 年，湖南顺利实施"百万培训工程"。2004 年 2 月 27 日，湖南省劳动和社会保障厅召开实施职业培训工作电视电话动员会。湖南实施职业培训年旨在解决新兴产业、支柱产业及传统技术行业中高技能人才紧缺的问题，全面实行高技能人才培训工程，建设好 100 个高技能人才培训基地，实现"三年三万新技师"培养目标,并培育技能领头人。

在启动国家高技能人才培训工程、"三年三万新技师培养计划"后,湖南省全面开展了技能振兴行动计划。2004年5月27日,中共省委组织部、湖南省劳动和社会保障厅等10部门联合制订并正式印发了《湖南省技能振兴行动实施方案》。方案明确提出,大力培养社会所需要的技术技能人才,全面实施农村劳动力转移就业培训规划。2004—2005年,培训100万人以上,其中技能培训60万人。2006—2010年,培训500万人以上,其中技能培训300万人以上。全面实施职业院校毕业生职业资格培训工程,力争高职院校相关专业毕业生职业资格证书持有率达到90%以上,毕业生当年就业率达到90%以上。全面实施国家高技能人才培训工程,力争高级技能以上职业资格证书的持有人数占取证总人数的20%左右,新培训7万名技师以上的高技能人才。

(三)推进技能竞赛和表彰技能人才

劳动部从1995年开始评选表彰"中华技能大奖"获得者和"全国技术能手"。2004年10月,劳动和社会保障部副部长张小健在第一届全国数控技能大赛全国决赛开幕式上讲话,指出党中央、国务院已经制定了"人才强国"战略,并将加强高技能人才队伍建设列入"人才强国"战略的总体部署中。为贯彻党中央国务院的要求,有关部门围绕加强高技能人才培养和队伍建设,从培养、选拔、评价、使用、激励、交流、保障等环节入手,加快培养企业急需的技术技能型、知识技能型和复合型人才。

职业技能竞赛是培养和选拔技能人才的重要途径之一。实践证明,广泛开展职业技能竞赛活动,能够有效培养和选拔一大批企业急需的高技能人才。2004年,劳动和社会保障部会同有关部门在制造业、服务业以及技术含量高的新职业领域启动了以"高技能、新技师"为主题的"2004中国职业技能竞赛"系列活动。第一届全国数控技能大赛作为"2004中国职业技能竞赛"系列活动中级别最高、影响最大的竞赛活动,由劳动和社会保障部、教育部、科学技术部、国防科学技术工业委员会、中华全国总工会及中国机械工业联合会共同主办,设数控车床操作工、数控铣床操作工及加工中心操作工三个竞赛工种,根据参赛对象的不同,设立学生组和职工组。大赛分为省级选拔赛和全国决赛两个阶段进行,省级选拔赛于是年8月底前完成,全国决赛于是年10月份在北京进行。对于职工组各工种全国决赛前5名的选手将由劳动和社会保障部授予"全国技术能手"荣誉称号，各工种全国决赛第 1 名的选手向中华全国总工会申报"五一劳动奖章"。对于学生组各工种前 20 名的选手，劳动和社会保障部将颁发技师（二级）职业资格证书。

2004 年 8 月 25 日，湖南省数控技能大赛暨全国数控技能大赛湖南选拔赛在湖南铁道职业技术学院圆满结束。本次比赛由湖南省劳动和社会保障厅、湖南省教育厅、湖南省科学技术厅、湖南省国防科学技术工业办公室、湖南省总工会、湖南省机械行业管理办公室联合主办，共分数控车床操作工、数控铣床操作工和加工中心操作工三个工种。湖南铁道职业技术学院刘楚玉等 5 位获得职工组第一名的选手被湖南省劳动和社会保障厅授予"湖南省技术能手"称号，并获得高级技师资格证书。

2005 年 12 月 25 日，由湖南省劳动和社会保障厅主办、湖南信息职业技术学院承办的"2005 年全省计算机应用技能大赛"取得圆满成功。这次技能大赛从宣传发动、组织报名到全省决赛历时 4 个月之久，共有 200 名选手进入了全省决赛。根据《湖南省职业技能竞赛管理办法》和《关于举办湖南省计算机应用技能大赛的通知》的有关规定，决定对获得竞赛计算机操作员、计算机网络管理员和多媒体制作员三个职业第一名的罗燕等 9 位同志颁发技师或高级技师职业资格证书，并对职工组第一名的罗燕、梁楚光、刘伟跃、侯全军 4 位同志授予"湖南省技术能手"荣誉称号，对获得竞赛第二至第六名的刘沛等 36 位同志在职业资格二级以内晋升一级职业资格；对在竞赛中理论知识考试和技能考核成绩均合格的 101 位同志颁发高级职业资格证书。

四、湖南高技能人才队伍的建设

随着经济建设对高技能人才的需求不断增加，高技能人才队伍建设得到了社会各界广泛关注，高技能人才培养、使用、评价、激励、保障等机制不断完善，同时高技能人才成长的社会环境也得到了显著改善。

2007 年，中共湖南省委办公厅、湖南省人民政府办公厅下发了《关于进一步加强高技能人才工作的意见》，明确了高技能人才队伍建设的指导思想、工作目标、战略任务和主要措施，为开展高技能人才工作指明了方向。政府通过引导和市场运作，坚持以就业为导向，注重能力培养，改革职业院校教学模式，在技工院校开展"创名牌专业、讲精品课程、做品牌教师"活动，加强师资队伍建设，调整专业设置，使教学内容与企业岗位技能要求紧密衔接。同时，行业和企业也发挥重要的作用，开展技术攻关、观摩研讨、技能交流、名师带徒和岗位技能培训等活动，加快高技能人才培养。

截至 2008 年年底，全省共有技工学校 128 所，其中，技师学院 4 所、批复筹建技师学院 2 所，高级技校、技术学院 18 所，国家级和省部级重点技校 26 所。全省技工学校在校生达 16.1 万人，每年有 5 万余名毕业生。此外，还有各类民办职业培训机构 800 余家，高技能人才培训基地 50 家，就业训练中心 150 个。另外，为了提高技能人才总量，政府多措并举。一是实施高技能人才培养工程，每年培养 1 万名新技师；二是组织实施"技能扶贫培训工程"，每年培训 15 万农村贫困人口，每人补贴培训费 1000 元；三是实施"技能就业计划"，面向所有农村劳动者开展转移就业技能培训，每年培训 40 万人，人均补贴 450 元；四是实施技能提升计划，依托企业对已就业的农民工开展技能培训，每人补贴培训费 200 元；五是实施特别职业培训计划，对就业困难群体，包括上岸定居渔民、退役军人、困难企业职工、专业人员等组织技能培训，并给予培训补贴；等等。通过这些措施，全省技能人才数量每年递增 15% 以上。截至"十三五"末，全省技能人才总量达到 516 万人，其中高技能人才 150 万人，占技能人才总量的 29.07%。

五、新时期的湖南技工院校

进入 21 世纪，技师学院和高级技工学校发展迅速，高级工及以上层次人才的培养比例显著提高。随着人才培养模式的不断改革，许多技工院校形成了区域化的办学特色，人才培养质量不断提升。

（一）发展环境进一步改善

为更好地解决毕业生待遇问题，各级人民政府和人力资源保障部门展开了积极探索。2010 年 8 月，人力资源和社会保障部印发《关于大力推进技工院校改革发展的意见》，"鼓励企业在与高级技工学校、技师学院毕业生协商确定初次就业工资水平时，对取得高级工以上职业资格证书的参照大专毕业生待遇确定。"翌年 7 月，中共中央组织部、人力资源和社会保障部印发的《高技能人才队伍建设中长期规划（2010—2020年）》也再次明确："鼓励企业与职业院校毕业生协商确定初次就业工资水平时，对取得高级工以上职业资格证书的参照大专毕业生待遇确定。"各地认真贯彻落实，提高了技工学校毕业生待遇，促进了技工院校的健康发展。

为积极响应国家大政方针，湖南省人民政府出台了《湖南省中长期人才发展规划纲要（2010—2020年）》，提出要完善以企业为主体、职业院校和技工院校为基础，学校教育与企业培养紧密联系、政府推动与社会支持相结合的高技能人才培养体系。健全以职业能力为核心、以工作业绩为重点、注重职业道德和职业水平的高技能人才评价体系。完善以业绩贡献为导向、与技能等级相联系、能够激发责任感和创造活力的高技能人才激励保障机制。营造尊重劳动创造、崇尚技能成才、鼓励技能创新、有利于高技能人才成长发展的社会环境。

（二）技师学院发展方兴未艾

根据高技能人才队伍建设的新要求，各级劳动保障部门实施高端引领，加快技工院校结构调整，大力发展高级技工学校和技师学院。2006年8月，劳动和社会保障部印发了《关于推动高级技工学校、技师学院加快培养高技能人才有关问题的意见》，意见明确提出技师学院是高等职业教育的组成部分，是以培养技师和高级技工为主要目标的高技能人才培养基地，并承担各类职业教育培训机构师资培训和进修任务。另外，技师学院的设立还要满足以下基本条件：在校生规模达300人以上，其中，高级技工和预备技师在校生占40%以上（或达到1200人以上）；培养技师层次的常设专业一般不少于4个，所设专业具有两届以上高级技工培养实践；生产实习指导教师具有高级职业资格达到50%以上；开展企业在职职工高级工、技师和高级技师提高培训每年至少500人次。

自2006年起，各地开始招收技师专业学制生，实行预备技师制度。同年12月，劳动和社会保障部办公厅印发了《关于规范技师学院管理有关工作的通知》，要求根据新制定或修订的技师学院设置标准，对此前批办的技师学院进行重新评估认定，并报省级人民政府批准。同时，要针对预备技师培养的特点，制定专门的培养和考核方案，做好预备技师培养工作。此后，全国各地的技师学院犹如雨后春笋般快速发展起来。

截至 2018 年年底，全国技师学院有 400 多所，而湖南仅有 11 所，这与制造强省建设的定位不相匹配。为深入实施"创新引领开放崛起"发展战略，充分发挥技能人才对制造强省建设的重要支撑作用，湖南省出台了《关于加强技能人才培养建设技工大省的意见》，提出"到 2022 年，全省技能人才总量达到 480 万人，其中高技能人才总量达到 160 万人"，"新建设 30 个以上国家级、省级技能大师工作室，40 个以上国家级、省级高技能人才培训基地"的目标。从技能人才培养、使用、评价、保障、激励等 11 个方面提出了具体措施，实现制度机制的创新突破，吹响了湖南省技工大省建设的嘹亮号角。

（三）一体化课程教学改革持续推进

2009 年 7 月，人力资源和社会保障部办公厅印发了《技工院校一体化课程教学改革试点工作方案》，提出在全国选择部分具备条件的技师学院、高级技工学校开展一体化课程教学改革试点工作。翌年，人力资源和社会保障部在《关于大力推进技工院校改革发展的意见》中把一体化课程教学改革作为技工学校改革发展的重要措施。

一体化课程教学改革是以国家职业标准为依据，以综合职业能力培养为目标，以典型工作任务为载体，以学生为中心，根据典型工作任务和工作过程设计课程体系和内容，按照工作过程的顺序和学生自主学习的要求进行教学设计并安排教学活动，实现理论教学与实践教学融通合一、能力培养与工作岗位对接合一、实习实训与顶岗工作学做合一。

表 3-1　首批一体化课程教学改革试点院校和专业

序号	试点专业	试点院校
1	电气自动化设备安装与维修	衡阳技师学院、西安工程技师学院、珠海市高级技工学校、广州市工贸技师学院、开封市技师学院、山东劳动职业技术学院、青岛市技师学院、苏州技师学院、江苏省常州技师学院、黑龙江技师学院、北京工贸技师学院、北京市工业技师学院、天津市电子信息高级技术学校
2	汽车维修	北京市工业技师学院、山西交通技师学院、杭州技师学院、山东工程技师学院、广东省高级技工学校、广州市工贸技师学院、深圳第二高级技工学校、广西机械高级技工学校、重庆五一技师学院

续表

序号	试点专业		试点院校
3	数控加工（数车）		北京市工业技师学院、河北省技师学院、无锡技师学院、宁波技师学院、厦门技师学院、襄樊第二高级技工学校、西安技师学院、重庆五一技师学院、珠海市高级技工学校、江门高级技工学校
4	钳加工	模具制造	西安工程技师学院、成都技师学院、江苏省盐城技师学院、常州技师学院、广州市工贸技师学院
		机械设备维修	广西机械高级技工学校、山东劳动职业技术学院、承德技师学院
5	机床切削加工	车工	江苏省盐城技师学院、山东劳动职业技术学院
		铣工	开封市技师学院

湖南省积极贯彻落实试点工作的指导思想，建立以职业活动为导向、以校企合作为基础、以综合职业能力培养为核心，理论教学与技能操作相融合的课程体系，提高技能人才培养质量，加快技能人才规模化培养，探索地方特色的技工教育改革与发展之路。2009 年 7 月，首批试点正式启动，囊括 30 所技工院校、涉及 5 个专业。衡阳技师学院作为湖南唯一一所入选的试点院校，经过两年的教学实践证明：一体化课程教学改革是一场教学革命，打破了职业教育传统的公共课＋专业理论＋实习"三段式"课堂教学模式，把深化工学一体的教学改革作为主攻方向，实行教学方式上的"理实一体化"、课程方式上的"工学一体化"以及教育模式上的"能岗一体化"。一体化课程教学不仅调动了学生的学习兴趣，而且提升了学生的综合职业能力。

2012 年 4 月，人力资源和社会保障部启动技工院校一体化课程教学改革评价研究，经研究发现，试点班学生在测评成绩总分、纸笔与实操测评、职业行动维度、纸笔测评的综合职业能力、实操测评指标等方面的平均得分率均高于非试点班学生。为了巩固并消化改革成果，人力资源和社会保障部于 2012 年 8 月印发《关于扩大技工院校一体化课程教学改革试点工作的通知》。第二批一体化课程教学改革试点湖南新增 3 所院校，分别是湖南工贸技师学院、郴州技师学院及湖南省机械工业技术学院。2016 年，人力资源和社会保障部组织了第三批一体化课程教学试点，共 86 所学校参加试点，试点专业新增了工业机器人应用与维护等 17 个专业。

（四）"校企双制"办学

"校企双制"主要有两种形式：一是招生即招工的全日制双制班，主要面向初高中毕业生开展以综合职业能力为培养目标的中高等技工教育，学员身份主要是全日制学生；二是招工即招生的在职双制班，主要面向企业在岗职工开展弹性学制技工教育和职业技能提升培训，培养中高等技能人才，学员身份主要是企业员工。

2012 年，国务院办公厅转发人力资源和社会保障部、财政部、国资委《关于加强企业技能人才队伍建设的意见》，首次将"校企双制"（企校双制）在国务院文件中加以明确："采取'企校双制、工学一体'的模式，通过企校合作培养与企业以师带徒相结合的方式，对拟录用或新录用的员工开展学徒培训。"在 2014 年 6 月召开的全国职业教育工作会议上，"企校双制、工学一体"被誉为具有中国特色的技能人才培养模式。2017 年 12 月，国务院办公厅印发《关于深化产教融合的若干意见》，再次肯定了技工院校"企校双制"的办学特色，明确提出"大力发展校企双制、工学一体的技工教育"。

为贯彻党的十九大和全国教育大会精神，落实《湖南省人民政府办公厅关于深化产教融合的实施意见》，各地有关部门要支持引导行业企业深度参与职业学校、高等学校教育教学改革，多种方式参与学校专业建设、课程设置、实习实训，推行面向企业真实生产环境的任务式培养模式；鼓励企业向职业学校、高等学校提供最新仪器设备和技术支持，共建校内生产性实训基地；鼓励区域、行业龙头骨干企业联合职业学校、高等学校共同组建产教融合集团（联盟）或职教集团，带动中小企业参与，推进实体化运作。

（五）打造专业化师资队伍

师资队伍是技工院校建设的核心及实现可持续发展的关键，更是能否培养出职业素养高、综合能力强的技能人才的重要保障。2010 年 8 月，人力资源和社会保障部印发《关于大力推进技工院校改革发展的意见》，强调要制订技工院校教师培训、进修计划，定期组织师德教育和业务培训，提高专业理论课教师和实习指导课教师的技能操作水平，安排专业教师每年不少于两个月的企业生产实践活动，鼓励技工院校教师参加专业硕士学习。

为贯彻落实人力资源和社会保障部《关于推进技工院校改革创新的若干意见》要求，湖南省政府出台《湖南省高技能人才队伍建设中长期规划（2011—2020年）》《关于加强技能人才培养建设技工大省的意见》等一系列推动技工教育发展政策，将技工院校专业教师师资队伍建设放在了战略性的高度。在全局考虑全省技工院校师资队伍的实际情况下，制定了相关培训政策（定期开展教师企业实践活动、定期参与行业协会技术交流活动、定期到技工教育发达省份交流学习等），加大对技工院校师资专业培训的扶持力度。各技工院校纷纷响应政府部门的号召，将"走出去、引进来"战略落到实处，不仅制定了专业教师职业生涯规划，同时也对专业教师进行思想引导，为技工院校教师专业化发展创造良好的生态环境。

（六）技能扶贫

2001年6月，国务院印发《中国农村扶贫开发纲要（2001—2010年）》，确定从2001年到2010年，集中力量，加快贫困地区脱贫致富的进程，把我国扶贫开发事业推向一个新的阶段。全国各地技工院校积极响应国家号召，充分发挥自身优势，吸纳贫困地区劳动力及其子女入学，通过培训，掌握技能，实现就业，"培训一人、就业一人、脱贫一户"，逐步探索出一条技能扶贫之路。

湖南省健全"学校对接县市区、教师联系贫困家庭"的扶贫对接机制，推动定点技工院校与贫困地区开展结对帮扶。以贫困家庭"两后生"为重点，全面落实国家中职学校学生免学费政策和助学金政策，积极开展贫困家庭"两后生"定点、定员、定向、定岗"四定"免费技能培训，着力阻断贫困代际传递。2018年，全省共有4690名建档立卡贫困家庭子女接受技工教育，在校生累计达到1万余人。

为了不断提升贫困劳动力技能素质和就业能力，湖南省出台了《湖南省职业技能培训补贴实施办法》，大力推行"输出有订单、计划到名单、培训列菜单、政府后结单"的"四单"培训就业模式，实现"技能培训一人、转移就业一人、帮助脱贫一户"。2018年，完成贫困劳动力素质提升培训5.5万人，免费培训贫困家庭"两后生"累计4万人。

与此同时，湖南省整合各类优质培训资源，推动贫困地区职业培训机构、职业技能鉴定机构建设，提高贫困地区职业培训能力。截止到 2018 年，51 个贫困县共设立职业技能培训机构 160 家、创业培训定点机构 56 家，建立职业技能鉴定所 58 个。同时，组织开展贫困地区技能培训先进县评选工作，在全省评选了 7 个培训效果好、就业率高、机制健全的县市，充分发挥其引领示范作用。

第四章

技工教育发展政策梳理

第一节　1949 年前的湖南技工教育发展政策

1897 年 10 月，湖南时务学堂设立，正式拉开了近代湖南技工教育发展的序幕。到中华人民共和国成立前夕，以起步晚、发展快为特点的近代湖南技工教育无论是从办学数量、在校人数，还是从专业设置、办学结构来说都已经拥有了不输沿海经济发达各省的实力，这些成绩的取得离不开政策的指引。

一、"壬寅学制"与"癸卯学制"

晚清时期，中国传统教育缺乏现代科学内容，无法培养实业人才。面对这种状况，清政府不得不通过改革教育体制来应对新时代的要求。

1902 年，旧历壬寅年，由张百熙奏准颁布《钦定学堂章程》，亦称"壬寅学制"。由于清廷对张百熙心存疑虑，该学制虽经颁布但未及付诸实行。次年，张百熙会同荣庆、张之洞重订《奏定学堂章程》，旧称"癸卯学制"，颁布后即正式在全国统一推行实施。《奏定学堂章程》将实业学堂纳入学校系统，与普通大、中、小学教育并列，成为教育体系的组成部分，从而翻开中国职业教育历史中新的一页。至此，中国近代实业教育制度确立。

图 4-1　张百熙（1847—1907）

＊来源于中国历史大辞典

二、"壬子癸丑学制"的建立与《湖南暂定学制大纲》

民国伊始，封建制度被推翻，教育制度也有调整，例如女子有了受教育的权利，但实业教育制度没有什么变化。1912年7月，教育部在北京召开临时会议，对学制改革作出决议，并于9月3日正式颁布《学校系统令》，这年是旧历壬子年，故称"壬子学制"。次年，教育部又陆续颁布了各种学校法令，如《专门学校令》《实业学校令》《实业学校规程》《公、私立专门学校规程》等，对"壬子学制"作了一些补充整合，逐步形成一个更为完整的新的学制系统，史称"壬子癸丑学制"。

"壬子癸丑学制"将实业学校分为甲、乙两种，从其入学条件、课程设置看，甲种实业学校属于中等实业教育，乙种实业学校属于初等实业教育。乙种实业学校和补习科与高等小学校平行，甲种实业学校和补习科与中学校平行，修学年限均为3年。"壬子癸丑学制"是我国第一个具有资产阶级民主革命性质的学制。它的颁布与实施，标志着封建教育制度的终结和中国采用西方资本主义国家教育制度的形式已经正式确立，它是民主革命教育思想在教育制度建立上的结晶。

为了避免政权更替对学校教育造成不利影响，湖南学务司于1912年3月颁布了《湖南暂定学制大纲》，将整个教育系统分为保育、普通教育、专门教育、实业教育、师范教育和女子教育六大类。与清朝学制相比，《湖南暂定学制大纲》的进步性体现在以下几个方面：

其一，男女有平等接受初等、中等教育的权利。《湖南暂定学制大纲》不仅规定初等小学可以男女同校，而且在中等、师范、实业教育方面，允许独立设立高等女子学校、女子师范学校、女子职业学校，尤其是允许建立女子职业学校，使女子能掌握一种职业技能，可以独立谋生，这在很大程度上冲击了"女子无才便是德"的封建传统观念。

其二，中等教育主张文、实分科。《湖南暂定学制大纲》对中等教育的规定很具特色，将中等教育分为高等中学校和中学校二级。高等中学校学制7年，前4年教授文化基础知识，后3年实行文、实分科，这既使学生具备比较全面的知识结构，同时又能学有专长，以满足社会的需要。

其三，根据地方特色，发展实业教育。从《湖南暂定学制大纲》对实业教育的规定可看出，学务司非常重视实业教育，规定也非常详细。高、中、初等实业学校都作了说明，在学科上体现出差异性，使得实业教育体系趋于完备。同时，学务司鉴于湖南地瘠民贫，贫困子弟无以为生的现状，特别注重初等实业学校的建设，希望贫困子弟能入校学习，"得以谋独立生活"。另外，针对湖南地产资源丰富，矿业人才匮乏的局面，设立矿业学校，培养矿业人才，"以资应用"。

从 1912 年 3 月湖南省学务司公布《湖南暂定学制大纲》到 9 月教育部颁行《学校系统令》的半年多时间里，湖南各类教育在新旧政权交替过程中，在没有部颁标准可资参照的前提下，能够较快恢复且有序发展，《湖南暂定学制大纲》起到了重要作用，它的影响甚至持续到 1922 年新学制的颁布。

三、"壬戌学制"与《全省教育计划》的制定

在职业教育思潮的影响下，一批有识之士广泛开展了一场介绍研究西方职业教育学制的大讨论，要求建立中国职业教育制度的呼声日益高涨，很快影响到全国教育联合会。

1915 年 4 月，全国教育联合会在天津召开了第一届年会，会上湖南省代表符定一等提出了"改革学制系统案"，列举了"壬子癸丑学制"之"弊害"，并得到全国各地代表的一致响应，自此拉开了学制改革的序幕。随后几年，各省陆续组织召开教育体制改革座谈会，提出教育体制改革建议。与此同时，伴随着民族资本主义的发展和教育研究的深入，新学制出炉的时机也日趋成熟。1922 年 10 月，全国教育联合会在济南召开第八届年会，21 个省区代表及教育部特派员到会，参加了学制的审议和修改。1922 年 11 月，中华民国北洋政府以大总统令颁布了《学校系统改革案》，史称"壬戌学制"。

"壬戌学制"明显地烙有五四以后各种广为流传的实用主义教育思想、平民主义教育思想等各种教育思潮的痕迹。相对于"壬子癸丑

图 4-2　符定一（1877—1958）

*来源于中国历史大辞典

学制"，新学制是一个较为开放、弹性较大的学制系统，进一步完善了培养直接从事农、工、商等各业技术人才的学制体系。

自修改学制的主张提出以后，湖南教育界以积极的姿态努力推进此次学制改革。1926年，湖南省教育司制定了《全省教育计划》，其中关于职业教育的包括以下三项内容：一是改甲种工业学校为工科高级中学，先集中全力办理完善试点学校，然后再逐步推广；二是在乡村设置甲种农业学校，加辟农村畜牧场所，以培养造就切合湖南实际需要的乡村农校教师和专门研究人才；三是大力推广切合现时需要的初级职业、简易职业和职业补习学校。此外，在有条件的中学加设职业科。

四、《湖南省整理职业学校办法》的颁布

自1927年南京国民政府成立到1937年抗战开始，在这10年里，南京国民政府采取了一系列措施来恢复和发展民族资本主义，史称民族资本主义发展的"黄金十年"。1928年5月，在南京召开的国民政府第一次全国教育会议上通过了《整理中华民国学校系统案》（戊辰学制），对职业教育进行改革，进一步明确普通中学与职业中学的界限。1932年12月，南京国民政府颁布《职业学校法》，对职业学校培养目标、学校设置、入学资格、修业年限等予以明确规定。

从1929年开始，湖南省政府着手整顿职业学校，加大对职业教育的经费投入。1931年，湖南省颁布《湖南省整理职业学校办法》，其中规定了职业学校开办费和经常费的最低限度，明确了有关立案事项。"凡招收初中毕业生及同等学力的农、工、学校，定为高级职业学校；凡招收高小毕业生及同等学力者，定为初级职业学校；凡招收初小毕业生及同等学力者，定为简易职业学校。各类学校学制均为3年。"为加强对职业学校的管理，湖南省于1933年制定《职业学校法》，将一部分办学不力的省立高级职业学校转为初级职业学校；一部分私立职业学校转为简易职业学校或初级职业学校。湖南当局还积极鼓励私人办学，对私立职业学校的创办予以补助和嘉奖。同时，在湖南省各县市还出现了大量由私人捐助的简易职业学校，也对这一时期的湖南职业教育发展起了推动作用。

第二节 1949—2009 年间的湖南技工教育发展政策

一、湖南技工教育发展政策的探索阶段

随着新民主主义政治制度和经济制度的建立，需要建立与之相适应的教育制度。1949 年 9 月 29 日，中国人民政治协商会议第一届全体会议通过的《共同纲领》规定："中华人民共和国的文化教育为新民主主义的，即民族的、科学的、大众的文化教育"，"人民政府应有计划有步骤地改革旧的教育制度、教育内容和教学方法"，并且要"注重技术教育"。

1951 年 10 月，颁布了新中国第一个学制文件《关于改革学制的决定》，明确了技术学校（包括技术学校、初级技术学校和各类技术学校附设短期技术训练班或技术补习班）的招生对象、入学条件及修业年限。至 1952 年，在全国中等技术学校学生中，工农学生的比重达到 45.7%。

为了加强对技工教育的统一管理，加速技工学校的发展建设，1953 年政务院决定由劳动部门对全国技工学校进行综合管理。1954 年 4 月，中央财政经济委员会印发《技工学校暂行办法草案》，对技工学校的设置、管理、培养目标、办学条件等提出了具体要求。同年 6 月，国家劳动部下发《关于技工学校、技工训练班招生问题的几项规定的通知》，对招生条件、手续、地区、范围进行了具体规定。同年 8 月，中央财政经济委员会批准并转发了劳动部制定的《技工学校经费预算标准（草案）》。至此，技工学校的管理办法基本完善。

1955 年，劳动部召开第一次全国工人技术学校校长工作会议，讨论通过了《关于提高技工学校教学工作质量的决议》。同年 9 月，国务院转发了这个决定。1956 年 9 月，中共中央对劳动部党组《关于加强省市党委对技工学校领导的建议》的批示中明确指出："办好技工学校是满足国家工业建设对技术工人需要的一项非常重要的工作。各地技工学校目前的状况必须迅速加以改善，望国务院各负责部门在最近期间组织工作组对各部所属的技工学校的工作进行一次检查，协同当地党委负责部门加以研究，拟出妥善办法，切实解决目前在这些学校中存在的各项问题。"这对推动技工学校建设起到了

重要作用。此外，国家还颁布了《关于提高技工学校教学工作质量的决议》《工人技术学校标准章程（草案）》《技工学校通则》等重要文件，规定了技工学校的培养目标，规范了技工学校的办学模式，技工教育办学质量得到保障。

　　为解决技工学校的困难和问题，湖南劳动人事厅于 1955 年 12 月，在长沙召开湖南省技工学校第一次校长座谈会。会议传达了第一次全国工人技术学校校长会议精神，明确"以生产实习教学为主、提高技工学校教学质量"的方针，讨论如何办好湖南省各技工学校的问题。此后，湖南劳动人事厅综合管理湖南省境内的技工学校，结束各行业各厂矿企业孤立办技工学校的历史。

二、湖南技工教育发展政策的坎坷阶段

（一）"大跃进"背景下的技工培养政策

　　在"大跃进"客观形势推动下，人们希望多快好省地发展职业教育。1958 年 8 月，中共中央、国务院发布《关于教育事业管理权力下放问题的规定》，明确"职业中学、一般的中等专业学校和各级业余学校设置和发展，无论公办或民办，由地方自行决定"。同年 9 月，中共中央、国务院发布《关于教育工作的指示》，提出要多快好省地发展教育事业，"两条腿走路"办教育事业，实行"国家办学与厂矿、企业、农业合作社办学并举，普通教育与职业（技术）教育并举"，各地办学热潮迭起。自此以后，职业教育进入一个新的时期。

　　鉴于教育事业"大跃进"出现的问题，1960 年中央文教小组提出：当前文化教育工作必须贯彻执行"调整、巩固、充实、提高"四方针。1961 年以后，湖南贯彻"调整、巩固、充实、提高"的方针，对中等职业教育进行大幅调整。1963 年 4 月，湖南劳动人事厅向全省各技工学校转发劳动部《关于 1958 年以来技工学校的总结》，这个文件总结了 1958 年以来办技工学校的经验、教训，确定技工学校以"教学工作为主，教学工作以生产实习教学为主"的方针，纠正"大跃进"期间忽视文化技术理论教学，以生产劳动代替生产实习教学，乱改课程，教材脱离实际，追求经费自给的偏向，恢复技工学校的正常教学秩序，培训质量得到提高，技工学校数量和办学规模也有扩大。

　　1963 年 3 月，中共中央在《关于讨论试行全日制中小学工作条例草案和

对当前中小学教育工作几个问题的指示》中，再一次强调了要认真贯彻执行普通教育与职业教育、技术教育并举的"两条腿走路"的方针。1964 年 8 月，刘少奇来湖南，多次谈到推行"两种劳动制度""两种教育制度"等问题，再次引起湖南省委的重视，并进行相关工作上的部署安排。是年 10 月，中共湖南省委、省人民委员会联合发出《关于半工半读、半耕半读学校试点工作的通知》，推动半工半读，创办农业中学，多层次、多渠道发展职业教育。

（二）"文化大革命"背景下的技工培养政策

"文化大革命"前期，技工学校绝大多数停办，有的被征用、占用，有的依托校办企业勉强生存。"文化大革命"中后期，由于生产建设需要技术工人，企业学徒制度开始恢复，少数技工学校开始招生。1973 年 7 月，国务院批转国家计划革命委员会、国务院科教组《关于中等专业学校、技工学校办学几个问题的意见》。文件提出，对中等专业学校和技工学校要抓紧调整、规划、布局等工作，根据需要与可能适当发展。到 1976 年，全国技工学校已达到 1267 所（1965 年为 400 所），在校学生 21.1 万人（1965 年为 18.3 万人），但各地的发展很不平衡。至于半工半读学校、职业中学和农业中学尚未得到恢复，仍然是一片空白。

在"文化大革命"期间，湖南的教育领域成重灾区，职业教育遭受到严重的破坏和摧残，省、地、县原教育行政部门被撤销，中等专业学校和技工学校大部分被停办，技术工人培训陷入停滞状态。

三、湖南技工教育发展政策的恢复阶段

"文革"期间，我国教育事业陷入低谷，职业教育更是遭到重创。1978 年，邓小平在全国教育会议上指出国家纪委、教育部和各部门，要共同努力，使教育事业的计划成为国民经济计划的一个重要组成部分，技工培养政策制定也由此进入恢复阶段。

（一）调整中等教育结构

1980 年 10 月 7 日，国务院批转教育部、国家劳动总局《关于中等教育结构改革的报告》。文件指出，中等教育结构改革应当实行普通教育与职业技术教育并举。1985 年 5 月，中共中央在《关于教育体制改革的决定》中提

出，要充分发挥现有中等专业学校和技工学校的潜力，扩大招生，并且有计划地将一批普通高中改为职业高中，或者增设职业班，加上新办的这类学校，力争在五年左右，使大多数地区的各类高中阶段的职业技术学校的招生数量相当于普通高中的招生数量，以扭转中等教育结构不合理的状况。

"文革"期间，湖南省各类教育受到严重冲击，技工教育的规模大幅度下跌，中等教育单一化问题突出。1979 年，湖南省教育厅制定了《关于我省教育贯彻调整改革整顿提高方针的意见》，提出"有领导、有准备、有步骤地进行中等教育结构改革"，满足区域经济和社会发展的需求。1981 年，湖南省委将湘潭市委《关于改革中专教育结构，发展职业技术教育情况的报告》批转全省，兴办适合本地需要的职业班，并依靠社会力量兴办职业学校。湖南省委、省政府于 1983 年 10 月做出的《关于加强和改革普通教育的决定》，首次就中等教育的结构调整和职业教育的发展提出了具体的比例要求。

通过技工培养政策的调整和改革，职业技术学校在整个中等教育中的比重大大增加，有力地改变了中等教育结构单一化的情况。

（二）进行城乡差异统筹规划

1983 年 5 月，教育部、劳动人事部、财政部、国家计划委员会联合发布《关于改革城市中等教育结构、发展职业技术教育的意见》，指出教育发展很不平衡，部分地区工作进展缓慢，有的地方基本未动，同时经费补助、师资配备、教材确定等问题未能得到有效解决，改革工作的力度有待加强。是年，中共中央、国务院发出《关于加强和改革农村学校教育若干问题的通知》，提出改革农村中等教育结构，发展职业技术教育，以促进农村经济的振兴，加速农业现代化建设。各地要根据本地区的实际需要与可能，统筹规划，有步骤地增加一批农业高中和其他职业学校。

为满足农村经济快速发展对应用技术人才的需求，1981 年 3 月湖南省人民政府批转了教育厅《关于办好中等专业学校的几点意见》，要求各地对各中等专业学校进行调整、整顿，同时根据社会需要创办新校。为了改革农村高中教育结构，兴办农业职业中学，湖南省教育厅发出《关于加强和改革农村教育的几点意见》。文件强调要根据各地农村经济发展规划，农民生产和生活的需要，把人才优势和地区经济优势很好地结合起来。同时，各县还被要求选择一所基础较好的普通高中，将其改办为农业职业中学，并列为重点学校。

根据以上政策文件可以看出，此阶段的核心任务是改善中等教育结构单一的状况，同时宏观统筹城乡差异。这些政策的制定旨在促进教育公平，促进农业现代化发展，并且从社会层面来谋划解决与城市教育不平等的问题。

四、湖南技工教育发展政策的发展阶段

1985 年，邓小平在全国教育工作会议上发表了《各级党委和政府要把教育工作认真抓起来》的重要讲话，将教育摆在了重要位置，这使得技工培养政策的制定进入发展阶段。

（一）规范技工学校管理、扩大办学规模及教育质量

为适应经济体制改革和教育体制改革的新形势，1986 年 11 月，劳动人事部、国家教育委员会印发《技工学校工作条例》，将技工教育纳入国家职业技术教育体系。

1986—1990 年，劳动部下发《技工学校机构设置和人员编制标准暂行规定》《技工学校学生学籍管理规定》《技工学校学生日常行为规范》《技工学校招生规定》等一批规范性文件，引导技工学校管理进一步走向规范。1989 年5 月 10 日，劳动部颁发了《关于技工学校深化改革的意见》，文件要求各技工学校进一步提高技工学校的培训质量和办学效益，加快改革步伐。1992 年10 月，劳动部颁发了《关于扩大高级技工学校试点工作的通知》，鼓励各地区和部门选择一两所省部级重点技工学校，试办高级技工学校。

1989 年，根据劳动部《关于技工学校深化改革的意见》，湖南省制定《关于技工学校进行教学改革的意见》《关于进一步办好技工学校，不断提高培训质量的意见》等文件，促使技工学校的办学规模不断扩大，教学质量稳步提升。这些举措充分展现了省政府对于技工教育的高度关注，同时也反映了技工教育发展的趋势，即为了满足社会需求不断优化教学体系，提高专业技能水平，更好地服务区域经济发展。

（二）开展技工学校评估和重点技工学校认定

1991—1992 年，劳动部相继印发《关于开展技工学校评估工作的通知》《省（部）级重点技工学校标准》《国家重点技工学校标准》，对独立建制招生四年以上的技工学校进行合格性和选优评估，并评选出省（部）级和国家级重

点技工学校，这是中华人民共和国成立以来对技工学校的第一次全面评估，也是首次设立省（部）级重点技工学校建设标准，对提升技工学校办学水平发挥了积极作用。1997年8月，劳动部印发《国家重点技工学校标准（修订）》，提高国家重点技工学校基本设置标准，实行"双证书"制度。

2002年，劳动和社会保障部培训就业司印发了《国家重点技工学校质量管理标准（试行）》，引入ISO9000质量管理体系，并组织开展复评工作，对提高国家重点技工学校的整体水平起到了积极作用。

（三）将市场机制引入技工教育，鼓励多方参与办学

1993年，中共中央、国务院印发《中国教育改革和发展纲要》，提出各级政府统筹规划，充分调动各部门企事业单位和社会各界的积极性，形成全社会兴办多种形式、多层次职业技术教育的局面。是年，劳动部颁发《关于深化技工学校教育改革的决定》，鼓励企业、事业单位、社会团体、民主党派和个人开办技工学校；提倡办学条件好的学校同未办校的企业、事业单位联合办学，使技工学校总体规模有较大发展，不断满足社会需要。

1992年10月，在长沙召开全省职业教育工作会议，湖南省积极贯彻全国职业教育工作会议精神，要求各级政府加强对职业教育的领导，齐心协力发展职业技术教育，研究改革和发展职业教育的政策和措施。是年12月，湖南省人民政府作出《关于加速发展我省职业技术教育的决定》，要求全省中等职业技术学校根据当地经济需要调整和设置专业，加强师资队伍建设，扩大学校招生规模，改革毕业生就业制度。

（四）进行综合性职业培训基地建设试点工作

1996年6月，劳动部颁发《关于进行综合性职业培训基地建设有关事项的通知》，决定选择一批管理能力强、培训规模大、办学质量高的政府部门主办的重点技工学校和就业训练中心，建成职业需求调查、职业培训、职业技能鉴定、职业指导并与职业介绍紧密联系的多功能基地，发挥示范和辐射作用。

为进一步加大在职员工的培训力度，1996年4月19日，湖南省劳动厅颁发《湖南省社会办职业培训管理规定》，在8、9月份对社会办职业培训进行了一次集中清理整顿，并对部分乱培训、乱发证的单位和个人依法作出处理。是年6月28日，湖南省劳动厅颁发实施《湖南省从事技术工种劳动者实行职

业资格证书制度的暂行规定》，建立起培训、考核与就业相结合、与待遇相联系的激励机制，一个多形式、多渠道、多层次的职业培训体系初步形成。

（五）职业教育立法

1996 年，《中华人民共和国职业教育法》发布，明确了职业教育是国家教育事业的重要组成部分，是促进经济、社会发展和劳动就业的重要途径。该法从职业教育的法律地位、职业教育的实施、职业教育的保障条件等方面作出了明确规定，使得职业教育更具规范性，让职业教育发展有法可依，更好地保障其发展。

1994 年，湖南省第八届人民代表大会常务委员会第十二次会议通过并颁布《湖南省职业教育条例》，标志着湖南省职业教育步入了依法治教的轨道。根据以上政策文件的梳理可以看出，在这个阶段的核心是强调质与量并行发展，注重技工教育立法规范化，并引入市场机制，增加技工教育发展活力，从而不断推进技工教育体系在此阶段更加完善。

五、湖南技工教育发展政策的深化阶段

（一）开展职业技能鉴定

1993 年，《中共中央关于建立社会主义市场经济体制若干问题的决定》提出，实行学历文凭和职业资格两种证书制。是年 7 月，劳动部颁布《职业技能鉴定规定》，这标志着职业技能社会化鉴定工作正式起步。1994 年 2 月，劳动部、人事部联合颁发《职业资格证书规定》，明确了职业资格证书制度的概念、分类、效力、管理等基本内容。翌年 6 月，劳动部颁布《关于从事技术工种劳动者就业上岗前必须培训的规定》，明确规定从事技术工种的劳动者就业上岗前必须经过培训，并实行职业资格证书制度。2000 年 3 月，劳动和社会保障部颁布《招用技术工种从业人员规定》，规定从事技术工种的劳动者"必须从取得相应职业资格证书的人员中录用"，并将准入工种由 50个扩大到 90 个。经过多年发展，职业资格证书制度为社会广泛认可，对促进职业培训工作和提升劳动者技能素质产生了积极的作用。

为了便于职业培训工作逐步走上制度化、规范化道路，2001—2005 年，湖南省先后制定颁发了《湖南省职业技能鉴定所（站）管理办法》《湖南省

国家职业资格证书管理暂行办法》《湖南省职业技能鉴定考评员管理办法》《关于加强和规范企业职工职业技能鉴定工作的通知》《湖南省职业技能鉴定专家委员会管理办法》《湖南省职业技能鉴定所（站）年度审查和综合评审工作细则》《关于进一步推动职业学校实施职业资格证书制度的意见》《湖南省职业技能鉴定质量督导实施办法（试行）》《湖南省职业技能竞赛管理办法》等一系列规范性政策文件，推进了湖南省鉴定事业的健康快速发展。

（二）开展职业技能竞赛和技术工人表彰活动

为进一步提高技术工人社会地位，劳动部于 1995 年 6 月印发了《关于建立"中华技能大奖"和"全国技术能手"评选表彰制度的通知》，决定建立"中华技能大奖"和"全国技术能手"评选表彰制度。2000 年 8 月，劳动和社会保障部颁布了《中华技能大奖和全国技术能手评选表彰管理办法》，明确规定"中华技能大奖"和"全国技术能手"评选表彰是国家对全国优秀技术技能人才的奖励制度，参加国家级和国际职业技能竞赛活动，获得相应名次者，可按有关规定直接授予"全国技术能手"称号。

湖南省也陆续出台了相关制度，如《湖南省职业技能竞赛管理办法》《关于举办湖南省计算机应用技能大赛的通知》等，对提高技术工人的社会地位起到了积极的作用。

（三）加强高技能人才队伍建设

为促进高技能人才成长，缓解高技能人才短缺的状况，2002 年 9 月，劳动和社会保障部印发《关于印发国家高技能人才培训工程暨机电高级技工培训项目的通知》，提出实施国家高技能人才培训工程，努力提升高级工、技师和高级技师的数量和比重。2003 年，劳动和社会保障部印发《三年五十万新技师培养计划》，对高技能人才队伍建设进行了部署，并初步界定了高技能人才的概念。2006 年，中共中央办公厅、国务院办公厅印发《关于进一步加强高技能人才工作的意见》，要求充分发挥企业培养高技能人才的主体作用，制定培养规划，完善职工培训制度。是年 8 月，劳动和社会保障部印发《关于推动高级技工学校、技师学院加快培养高技能人才有关问题的意见》，明确技师学院是高等职业教育的组成部分，学制培养预备技师。2008 年，中共中央组织部等 5 部门联合发布《关于高技能人才享受国务院颁发政府特殊津贴的意见》，将高技能人才纳入国务院政府特殊津贴范围。

在 2002 年召开的湖南省职业教育工作会议上，湖南省劳动和社会保障厅厅长赵湘平作了"切实加强职业教育培训，全面提高劳动者就业能力"的典型发言，提出要深化技工院校能力建设，加强对高技能人才的培养。2003—2004 年，针对新兴产业、支柱产业及传统技术行业中高技能人才紧缺的形势，湖南顺利实施"百万培训工程""职业培训年计划"，全面实施高技能人才培训工程，实现"三年三万新技师"的培养目标。2004 年 5 月，《湖南省技能振兴行动实施方案》正式印发，要求提高技能人才的待遇水平和社会地位，对掌握绝技绝活并为我省经济建设作出突出贡献的高技能人才，除给予一次性奖励外，政府定期给予津贴。

（四）加强师资队伍的结构调整

2000 年 9 月，教育部召开改革开放以来第一次全国中等职业教育师资工作会议，会议明确了"十五"期间职教师资队伍建设的指导思想、目标和任务。同年，教育部和全国教育工会联合印发了《中等职业学校教师职业道德规范（试行）》。翌年 11 月，教育部印发《关于"十五"期间加强中等职业学校教师队伍建设的意见》，要求推进教师工作的制度建设，加强教师职业道德建设，加强骨干教师建设，加强培养培训基地建设，多渠道解决教师来源等问题。2003 年，教育部发布《关于开展农村职成教师资培训试点工作的通知》，提出要促使农村职成教师更新教学观念，切实加强职教师资队伍管理。

2003 年，为了响应教育部职成司《关于开展中等职业学校合格评估工作的通知》，加强对中等职业教育的宏观管理，湖南省教育厅印发了《湖南省中等职业学校合格评估标准（试行）》文件。湖南在师资队伍建设方面做了大量的探索，按照"数量足够、素质优良、结构合理、专兼结合"的要求，采取培养、培训、选调、考核等多种形式加强专业师资力量。

（五）发展民办培训机构

为鼓励社会力量办学，维护举办者、学校及其他教育机构、教师及其他教育工作者、受教育者的合法权益，促进社会力量办学事业健康发展，国务院于 1997 年 7 月颁布《社会力量办学条例》，这是我国关于民办教育培训的一部重要法规，适应了市场经济条件下多元办学的要求，也赋予了劳动行政部门管理责任和服务职能。

湖南省的社会办学开始较早，1996 年湖南省人大制定《湖南省社会办学条例》，对规范社会力量的办学行为起到促进作用。此外，当国家《社会力量办学条例》出台后，湖南省政府立即制定了《实施细则》。2001 年 11 月，湖南省教育厅发布《湖南省社会力量办学暂行管理办法》，明确了各类社办学校的社会标准，用以提高民办教育的办学水平、教学质量，为社会办学的规范管理奠定了基础。

（六）农民工技能提升培训

农民工是我国改革开放和工业化、城镇化进程中涌现的一支新型劳动者大军，也是产业工人和技能人才队伍中的新生力量。2003 年，国务院办公厅印发《关于做好农民进城务工就业管理和服务工作的意见》，取消了对农民工进城的各种限制，标志着农民工政策导向的根本转变。为贯彻落实党中央、国务院的要求和部署，加强农村劳动力转移培训，从 2004 年起，六部委共同组织实施农村劳动力转移培训阳光工程。2006 年，国务院印发《关于解决农民工问题的若干意见》，要求各地要适应工业化、城镇化和农村劳动力转移就业的需要，大力开展农民工职业技能培训和引导性培训，提高农民转移就业能力和外出适应能力。随后，劳动和社会保障部印发《农村劳动力技能就业计划》，要求对农村劳动力进行非农技能培训，并提供技能水平评价服务，同时开展专项能力考核试点。

2004 年 4 月，湖南省教育厅发出《关于积极参与六部委组织实施的"农村劳动力转移培训阳光工程"的通知》，要求各级各类职业院校积极申报"阳光工程"培训基地。是年，湖南省农业农村厅、劳动和社会保障厅、教育厅、科技厅、建设厅、财政厅等六部门制定《2004—2010 年湖南省农民工培训计划》，提出要适应农村经济社会发展需要，积极开展农村劳动力转移培训。

第三节 2010 年后的湖南技工教育发展政策

自 2010 年以来，中共湖南省委、湖南省人民政府、湖南省人民政府办公厅以及湖南省人力资源和社会保障厅等相关部门出台了一系列技工教育发展政策文件，具体如表 4-1 所示。

表4-1　关于湖南技工教育发展的部分政策文件

序号	发文单位	文件名称	具体内容
1	中共湖南省委、湖南省人民政府	《湖南省中长期人才发展规划纲要（2010—2020年）》（湘发〔2010〕12号）	①适应我省新型工业化发展和产业结构优化升级的要求，以提升职业素质和职业技能为核心，以技师、高级技师为重点，造就一支门类齐全、技艺精湛的高技能人才队伍。 ②着眼于提高培养创新型人才的能力和水平，实施"高素质教师队伍建设工程"。通过研修培训、学术交流、项目资助等方式，重点培养和支持教育教学骨干、"双师型"教师、学术带头人和校长。
2	湖南省人民政府	《湖南省人民政府关于加强职业培训促进就业的实施意见》（湘政发〔2011〕26号）	①加快健全以就业技能培训、岗位技能提升培训和创业培训为主要内容的职业培训制度，依托职业院校、职业培训机构和企业，根据劳动者职业生涯和技能提升发展需要，健全覆盖城乡全体劳动者的多层次、多形式的现代职业培训制度体系，构建和优化有利于劳动者职业生涯发展需要的培训制度环境。 ②鼓励企业根据生产经营发展需要，通过在岗培训、脱产培训、技能竞赛等方式，大力开展企业新录用人员的岗前培训、在岗职工技能提升培训和高技能人才培养。 ③围绕现代农业发展和社会主义新农村建设需要，大力提升职业农民素质，加强对农村劳动者实用技能培训，培养一支结构合理、数量稳定、素质优良的农业产业技能劳动者队伍，促进农业发展方式转变。
3	湖南省人民政府	《湖南省退役士兵职业教育和技能培训办法》（湘政发〔2012〕17号）	①以促进就业为目的、以市场需求为导向，建立以中等职业教育和技能培训为主体，以高等职业教育、成人教育和普通高等教育为补充的退役士兵职业教育和技能培训体系。

续表

序号	发文单位	文件名称	具体内容
3	湖南省人民政府	《湖南省退役士兵职业教育和技能培训办法》（湘政发〔2012〕17号）	②坚持自愿参加、自选专业、免费培训原则，通过职业教育和技能培训，使大多数退役士兵取得相应职业资格证书或学历证书，促进退役士兵充分就业。
4	中共湖南省委、湖南省人民政府	《中共湖南省委湖南省人民政府关于加快发展现代职业教育的决定》（湘发〔2014〕18号）	①从示范性（骨干）职业院校（含中等职业学校、技工学校、高等职业院校、技师学院，下同）中遴选建设一批行业背景突出、区域特色鲜明、对接产业紧密、办学定位准确、办学成效突出的卓越职业院校，带动全省职业院校不断提高"对接产业、服务产业、提升产业、引领产业"的水平，增强职业教育核心竞争力。②以示范性（骨干）中等职业学校为依托，建好县级职教中心，整合区域内职业教育和培训资源，使之成为学历教育、技术推广、扶贫开发、农村实用技术和劳动力转移培训、社会生活教育的重要基地。
5	湖南省人民政府办公厅	《湖南省农村中等职业教育攻坚计划（2014—2016年）》（湘政办发〔2014〕60号）	统筹规划中等职业学校专业布局，积极引导学校增设产业发展急需、就业前景好的专业，调减基础条件薄弱、办学质量差的专业，整合专业基础相近、办学效益不佳的专业，避免专业设置低水平重复，形成定位准确、错位发展、优势互补的专业建设格局。
6	湖南省人民政府	《湖南省贯彻〈中国制造2025〉建设制造强省五年行动计划（2016—2020年）》（湘政发〔2015〕43号）	在重点产业领域，大力引进高端人才、急需紧缺人才及其创新团队；大力发展职业技术教育，探索"订单式"人才联合培养机制，加快高技能技术人才培养，打造大批"工匠湘军"；建立完善人才激励、服务、流动和使用制度。

续表

序号	发文单位	文件名称	具体内容
7	湖南省人力资源和社会保障厅	《关于进一步加强职业能力建设工作的实施意见》（湘人社发〔2015〕32号）	①依托技工院校，大力加强对城乡未继续升学的应届初、高中毕业生的职业培训，力争其培训后总体就业率达到90%。 ②建立技工院校校企合作与精品专业建设相结合的研修平台，每年实施10个研修平台建设项目，引导企业和院校落实技能人才培养协议，通过开展"职业培训包"培训、新型学徒制试点、企业高技能人才和院校教师双向研修等方式，积极实施定单定岗定向培训，促进校企深度合作。 ③将省级高技能人才培训基础能力项目扶持资金提高到每个一次性300万元，对技工院校校企合作研修平台建设项目扶持资金提高到每个一次性100万元，对重点产业技能人才培训实训基地建设一次性扶持200万元，加大对技工院校师资培养力度，实施学科带头人骨干教师培训项目。 ④实施技工院校三年改革发展计划，推动技工院校实行一体化教学改革、信息化建设、校企合作研修平台建设、实训基地建设，加强"职业培训包"培训，推动新型学徒制试点。
8	湖南省人力资源和社会保障厅	关于贯彻落实人力资源和社会保障部《关于推进技工院校改革创新的若干意见》的实施意见（湘人社发〔2015〕46号）	①将发展技工教育作为构建现代职业教育体系和劳动者终身职业培训体系的重要内容，作为改善民生和促进就业的重要举措，作为加强人才队伍建设和实施人力强省战略的重要途径，进一步增强责任感和使命感，完善扶持政策，加大工作力度，推动技工院校创新发展。 ②各技工院校以立德树人、培养职业精神为根本，以提高职业技能为核心，适应市场需求，坚持"高端引领、校企合作、多元办学、内涵发展"的办学理念，坚持学制教育与职业培训并举，深化办学体制机制改革，创新技能人才培养模式，全面提升技能人才培养能力。

续表

序号	发文单位	文件名称	具体内容
9	湖南省人民政府	《湖南省人民政府关于进一步做好为农民工服务工作的实施意见》（湘政发〔2015〕32号）	①实施农民工职业技能培训计划。加强校企合作，各地确定一批技工院校、职业学校和培训机构作为农民工实训基地，鼓励和支持行业主管部门开展农民工职业技能鉴定工作，为农民工就业创造有利条件。 ②加快发展农村新成长劳动力职业教育。落实好中等职业教育农村学生免学费政策和家庭经济困难学生资助政策，引导农村未升学应届初高中毕业生接受中等职业教育。鼓励职业院校、技工院校招收在乡青年农民、农村富余劳动力、进城农民工接受职业技能教育。
10	湖南省人民政府	《湖南省深化考试招生制度改革实施方案》（湘政发〔2016〕5号）	①实行"文化素质+职业技能"考试评价方式，建立分别针对普通高中学生和中职学生的文化基础与职业技能相结合的考核录取模式。 ②完善对口升学制度，构建中职与高校有效衔接的升学通道。
11	湖南省人民政府办公厅	《湖南省全民科学素质行动计划纲要实施方案（2016—2020年）》（湘政办发〔2016〕87号）	构建以企业为主体、职业（技工）院校、县级职教中心为基础，各类培训机构积极参与、公办与民办共举的职业培训和技能人才培养体系。面向城镇全体劳动者，积极开展订单式、定岗、定向等多种形式的就业技能、岗位技能提升、安全生产培训和再就业、创业培训，基本消除劳动者无技能从业现象，提高城镇劳动者安全生产意识，避免由于培训不到位导致的安全事故。
12	湖南省人民政府	《湖南省"十三五"脱贫攻坚规划》（湘政发〔2017〕12号）	①加大贫困家庭子女职业技能培训。统筹"雨露计划""同心温暖工程""阳光工程"等职业教育培训资源，提高补助标准，落实中等职业教育免学杂费政策，确保建档立卡贫困家庭约20万"两后生"都能接受职业学历教育或职业技能培训。鼓励职业学校和技工学校招收贫困家庭子女，健全中等职业院校对贫困家庭学生的资助政策体系。

续表

序号	发文单位	文件名称	具体内容
12	湖南省人民政府	《湖南省"十三五"脱贫攻坚规划》（湘政发〔2017〕12号）	②开展贫困家庭劳动力实用技术培训。加大贫困人口实用技术培训力度，对参加半年以上职业技能培训获得初、中级职业资格证书的每人补助1500元，实现有培训需求的贫困人口就业技能培训和农村实用技术培训全覆盖，确保缺技术贫困户劳动力至少掌握一门致富技能。
13	湖南省人民政府	《湖南省实施开放崛起战略发展规划(2017—2021年)》（湘政发〔2017〕35号）	加快建设高技能产业工人队伍，发展职业教育、技工教育，支持企业建立首席技师、特聘技师等制度。
14	湖南省人民政府	《湖南省进一步促进就业工作二十条措施》（湘政发〔2018〕30号）	开展省卓越职业院校、省一流特色专业群建设，鼓励和引导职业院校开设一批现代生产性服务业、生活性服务业紧缺急需的相关专业，并开展相关职业培训，按政策给予职业培训补贴。鼓励职业院校在校生获得学历证书的同时，积极取得职业资格证书。
15	湖南省人民政府办公厅	《关于加强技能人才培养建设技工大省的意见》（湘政办发〔2018〕66号）	①建立健全与办学规模和培养要求相适应的职业教育（含技工教育）的财政投入制度，落实和逐步提升职业院校生均经费标准，技工院校按照职业院校生均经费标准落实办学经费。②鼓励和支持行业、企业举办或参与举办职业院校，加快建成一批国家级重点技工院校。全面加强技工院校高技能人才培养课程研发和高技能人才研修提升培训工作。③加大对高技能人才的引进交流力度。对企业从省外引进我省紧缺职业（工种）的技师、高级技师，可由当地财政给予一定的引才补助。对企业引进的技师、高级技师按相关规定比照中、高级专业技术人才享受同等待遇。

续表

序号	发文单位	文件名称	具体内容
16	湖南省人民政府办公厅	《关于推进服务业创新发展的意见》（湘政办发〔2018〕59号）	鼓励省内高校、中职学校和技工院校根据服务业创新发展需要增设一批特色学科，建立产教融合、校企合作、工学一体培养制度。定期推出一批现代服务业紧缺急需的职业培训项目，对参加培训并合格人员给予适当补贴。
17	湖南省人民政府办公厅	《湖南省人民政府办公厅关于深化产教融合的实施意见》（湘政办发〔2018〕82号）	①对接湖南优势、特色和战略性新兴产业，建立健全职业学校、高等学校与行业骨干企业、中小微创业型企业紧密协同的创新生态系统，推动学科专业与产业需求精准对接。②制定实施职业学校专业设置管理和评价办法，注重发挥行业组织人才需求预测、用人单位职业能力评价作用，把市场供求、人才培养质量、就业质量作为学校设置调整学科专业的重要依据，建立健全学科专业建设动态调整机制，面向全省优势产业发展需要，扩大紧缺专业人才培养规模，严格实行专业预警和退出机制。③支持引导行业企业深度参与职业学校、高等学校教育教学改革，多种方式参与学校专业建设、课程设置、实习实训，推行面向企业真实生产环境的任务式培养模式。应用型本科高校、职业学校新设专业原则上应有相关行业企业参与，支持行业企业依托或联合职业学校、高等学校设立产业学院和企业工作室、实验室、创新实践基地。④落实精准扶贫战略，加大对贫困落后地区产教融合支持力度，鼓励农村和贫困地区学生到城市优质职业学校就读，鼓励国家和省示范、卓越职业学校对口帮扶农村和贫困地区薄弱职业学校，多举措对贫困地区职业学校师资队伍开展免费培训和对口支持。

续表

序号	发文单位	文件名称	具体内容
18	湖南省人民政府	《湖南省人民政府关于推行终身职业技能培训制度的实施意见》（湘政发〔2019〕14号）	①构建终身职业技能培训机制。构建以政府补贴培训、企业自主培训、市场化培训为主要供给，以企业职工培训机构、职业院校（含技工院校，下同）、职业培训机构、公共实训基地和行业协会为主要载体，以就业技能培训、岗位技能提升培训和创业创新培训为主要形式的培训组织实施体系。 ②推动职业技能培训市场化社会化。依托具备条件的高级技工学校和技师学院开展职业训练院试点工作，规模化培养高技能人才。鼓励支持社会组织积极参与行业技能人才需求发布、就业状况分析、职业技能培训指导等工作。健全民办职业培训机构准入和退出机制。 ③广泛开展就业重点群体技能培训。依托职业院校，面向城乡未继续升学的初中、高中毕业生开展职业技能训练，增强其技能就业的能力和劳动习惯的养成。
19	中共湖南省委办公厅	《加快推进湖南教育现代化实施方案（2019—2022年）》（湘政发〔2019〕19号）	①统筹高中阶段教育协调发展，中等职业教育招生比、分流比较低地区要重点扩大优质资源建设力度，举办高中阶段教育的县市区必须办好1所以上示范性公办中等职业学校。 ②集中连片特困地区、少数民族地区县市区重点举办的中等职业学校，基本办学条件和水平要达到省级示范性中等职业学校及以上标准。 ③经济发展水平较高，职业教育发展基础较好的县市区重点举办的中等职业学校，要达到国家中等职业教育改革发展示范学校标准。

续表

序号	发文单位	文件名称	具体内容
20	湖南省人民政府	《湖南省职业教育改革实施方案》（湘政发〔2020〕2号）	①拓宽中高本衔接贯通的培养渠道。对接科技发展趋势和湖南产业需求，建立和完善中职、高职专科、本科、专业学位研究生教育纵向贯通，普通教育与职业教育横向衔接，学历教育与培训并重的多层次技术技能人才培养体系。充分发挥职业院校在技能培训、继续教育、终身教育中的主阵地作用，将职业院校建成技能培训中心、继续教育中心、文化服务中心、技术技能积累中心和应用技术创新中心。 ②积极担当职业技能培训重任。支持职业院校开展补贴性培训，扩大面向职工、退役军人、就业重点群体、新型农民、贫困劳动力和退役运动员的培训规模，使职业院校成为全省技能培训的主力军。
21	湖南省人力资源和社会保障厅	《湖南省技工院校办学水平评估办法》（湘人社规〔2020〕19号）	①评估办学方向、管理体系、学籍管理与资助和校园安全等学校管理方面情况。 ②评估德育工作、专业建设、课程教学、教学研究、学生技能、教材使用和校企合作等教育教学方面情况。 ③评估办学投入、校园建设、实训条件、教师队伍和智慧校园等办学保障方面情况。 ④评估培养规模、学生毕业与就业、学校荣誉和社会影响等办学效益方面情况。
22	湖南省人力资源和社会保障厅	《湖南省技工院校专业设置管理办法》（湘人社规〔2020〕20号）	①要紧紧围绕我省和当地重点产业和战略性新兴产业对高技能人才的需求，适应经济发展方式转变和产业结构调整升级的需要，适应各地、各行业对生产、服务一线高素质劳动者和高技能人才培养的需要，适应学生职业生涯发展的需要。

续表

序号	发文单位	文件名称	具体内容
22	湖南省人力资源和社会保障厅	《湖南省技工院校专业设置管理办法》（湘人社规〔2020〕20号）	②统筹推进区域内技工院校专业建设，科学制定专业建设规划，坚持错位发展，优化资源配置和专业布局，避免区域内专业盲目建设和重复建设。 ③鼓励技工院校设置符合区域重点产业、支柱产业、新兴产业、特色产业和传统产业的发展需求以及就业前景良好的专业。
23	湖南省人民政府办公厅	《湖南省"十四五"教育事业发展规划》（湘政办发〔2021〕43号）	①大力改善公办中职学校办学条件，推动中职学校标准化建设，举办高中阶段教育的县市人民政府要集中力量重点办好1所以上优质公办中职学校。 ②确保公办中职学校办学规模、办学质量与经济社会发展相适应。
24	湖南省人民政府办公厅	《湖南省"十四五"人力资源和社会保障事业发展规划》（湘政办发〔2021〕60号）	①加快技能人才队伍建设，推动建设技工强省，为加快建设现代化新湖南提供强大支撑。 ②大力发展技工教育，实施技工教育提质工程。优化技工院校区域布局，加快优质技工院校建设。稳定和扩大技工院校招生规模，大力推进技工院校改革创新，深化产教融合、校企合作。
25	湖南省人力资源和社会保障厅办公室	《技工院校教材管理工作实施细则》（湘人社办发〔2021〕10号）	①坚持马克思主义指导地位，体现马克思主义中国化要求，体现中国和中华民族风格，体现党和国家对大力发展技工教育、办好技工院校的基本要求，体现国家和民族基本价值观，体现人类文化知识积累和创新成果。 ②思想政治、语文、历史课程教材以及其他意识形态属性较强的教材和涉及国家主权、安全、民族、宗教等内容的教材，实行国家统一编写、统一审核、统一使用。

续表

序号	发文单位	文件名称	具体内容
25	湖南省人力资源和社会保障厅办公室	《技工院校教材管理工作实施细则》（湘人社办发〔2021〕10号）	③专业课程教材在人力资源社会保障部门规划和引导下，注重发挥行业企业、教科研机构和学校的作用，更好地对接产业发展和岗位要求。

第五章

湖南技工教育的发展现状

多年来，湖南省技工教育突出职业能力建设，提高教育教学水平，加强师资队伍建设，扩大人才培训规模，培养了大批一线技术技能型人才，为全面提高劳动者素质、促进充分就业、推动我省经济社会发展发挥了重要作用。经过 70 余年的发展，现已形成了以技师学院、高级技工学校、技工学校为主体的完整技工教育体系。

第一节　院校情况

一、办学数量

从过去十年的发展变迁来看，全省各类技工院校的数量呈现平稳上升的态势。据湖南省 2022 年统计年鉴显示，截至 2021 年年底，全省各类技工院校共计 146 所，但由于企业改制、招生困难、经费投入不足等原因，有近一半的技工院校未开展招生工作。

据湖南省中等职业教育阳光招生信息平台显示，截至 2023 年 5 月 9 日，全省招生院校仅有 78 所。从办学类型上来看，公办性质的技工院校数量最多，办学主体为政府、人社部门、行业及企业，共计 53 所，占全省技工院校数的 67.95%；民办性质的技工院校 28 所，占全省技工院校数的 32.05%。

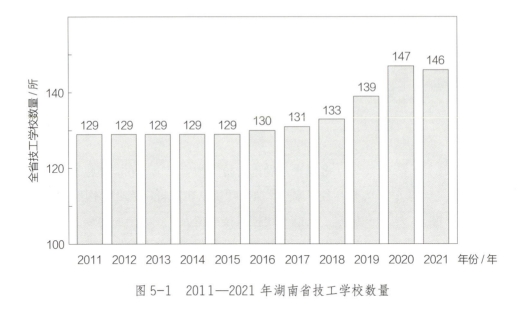

图 5-1　2011—2021 年湖南省技工学校数量

二、办学类型

从层次上来看，全省 78 所招生院校中，技工学校 51 所，占全省技工院校数的 65.38%；高级技工学校 17 所，占全省技工院校数的 21.79%；技师学院 10 所，占全省技工院校数的 12.83%。

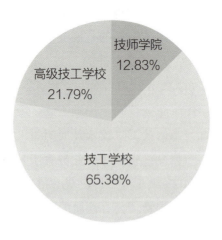

图 5-2　湖南省技工学校办学层次构成情况

三、办学水平

从办学水平上来看，全省 78 所招生院校中，国家重点以上技工学校有 23 所，占全省技工院校数的 29.49%；省重点技工学校有 14 所，占全省技工院校数的 17.95%；省一类技工学校有 10 所，占全省技工院校数的 12.82%；合格技工学校有 31 所，占全省技工院校数的 39.74%。

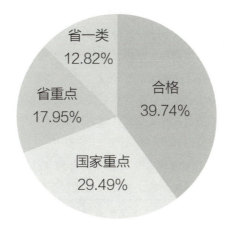

图 5-3　湖南省技工学校办学水平构成情况

四、院校分布

从地区分布情况来看，长株潭地区共有技工院校 36 所，占全省技工院校数的 46.15%；湘北地区共有 9 所，占全省技工院校数的 11.54%；湘中地区共有 14 所占全省技工院校数的 17.95%；湘西地区共有 6 所，占全省技工院校数的 7.69%；湘南地区共有 13 所，占全省技工院校数的 16.67%。

由此可以看出，湖南省技工院校主要集中在长沙、株洲、湘潭、衡阳、岳阳、常德、邵阳、益阳、衡阳、永州等地区，这样的布局与教育均衡发展和大力发展区域经济的战略方针是不匹配的。

表 5–1　湖南省 14 个市州技工院校分布

地区		院校名称	数量
长株潭地区	长沙	湖南建筑高级技工学校、长沙高级技工学校、湖南省浏阳高级技工学校、湖南建康技工学校、湖南省医药技工学校、湖南龙骧交通发展集团有限麦任公司技工学校、中国水利水电第八工程局有限公司高级技工学校、中建石局技工学校、湖南高新理工技工学校、湖南华中工业技工学校、湖南潇湘科技技工学校、长沙中科智能技工学校、长沙现代应用技工学校、湖南航空信息技工学校、湖南曙光科技技工学校、湖南东方高级技工学校、湖南湘江工贸技工学校、湖南万兴技工学校、湖南通航航空技工学校、湖南炎培技工学校、湖南华科技工学校、湖南华中交通技工学校、湖南大汉技工学校、湖南智云技工学校、湖南托雅技工学校、长沙湘府科技技工学校、长沙卫康医药技工学校	27
	株洲	湖南工贸技师学院、湖南省陶瓷技师学院、株洲南方航空高级技工学校、株洲市交通技工学校	4
	湘潭	湘潭技师学院、湖南省经济贸易高级技工学校、湘潭钢铁集团有限公司高级技工学校、中铁十二局有限公司技工学校、湖南潇湘信科技工学校	5
湘北地区	岳阳	湖南省工业技师学院、岳阳市高级技工学校、泰格林纸技工学校、湖南海纳技工学校	4
	常德	常德技师学院、澧县技工学校、湖南桃花源高级技工学校、津市市技工学校、湖南华航铁路科技技工学校	5
湘中地区	益阳	益阳高级技工学校、湖南兵器工业高级技工学校、安化县技工学校、沅江洞庭技工学校	4
	娄底	娄底技师学院、冷水江市高级技工学校、涟源钢铁集团有限公司技工学校	3
	邵阳	湖南省汽车技师学院、邵阳市高级技工学校、邵阳市商业技工学校、邵阳市交通技工学校、邵阳第二纺织机械厂技工学校、武冈市技工学校、湖南鸿翔技工学校	7

续表

地区		院校名称	数量
湘西地区	怀化	湖南省怀化高级技工学校、怀化工业高级技工学校	2
	张家界	张家界市高级技工学校、张家界协力技工学校	2
	湘西土家族苗族自治州	湘西自治州技工学校、龙山县技工学校	2
湘南地区	衡阳	衡阳技师学院、衡阳市高级技工学校、中钢集团衡阳重机技工学校、衡阳市第五技工学校、湘南船山技工学校、衡阳工业技工学校、衡阳市商业技工学校	7
	郴州	郴州技师学院	1
	永州	湖南潇湘技师学院、永州市第二技工学校、新田县技工学校、湖南潇湘育才技工学校、永州市德舜技工学校	5

　＊资料来源：根据 2023 年 5 月 9 日湖南省中等职业教育阳光招生信息平台发布数据整理

第二节　招生及毕业生情况

一、招生政策

　　技工教育的招生政策随着社会经济的发展不断变化。计划经济时代，招生受到严格的指标限制，招生即招工，技工学校招生面向城市初、高中优秀毕业生。1986 年，劳动人事部、国家教育委员会颁布了《技工学校工作条例》，指出"技工学校的招生计划报国家计划委员会，列入国民发展计划"。1993年，劳动部发布《关于深化技工学校教育改革的决定》，提出"技工学校招生计划由指令性改为指导性，实行学校自主招生，毕业生自主择业的制度"，打破了国家统一分配的模式。

　　随着 1999 年全国普通高校、普通高中的扩大招生，湖南省的技工学校生源结构发生了巨大变化，绝大多数技工学校已经没有了招生计划和安置指标，招生困难已是不争的事实。为了应对这种情况，2000 年，湖南省政府决定停办规模小、管理不规范及多年未招生的技工学校，并重新评估和登记了167所技工学校。同时，政府放宽技工学校招生政策，用市场化招生、登记入学的招生方式替代了以前统招统分政策，并将招生对象由应届初、高中毕业生拓展到退役士兵、未就业青年、大中专毕业生、农村转移劳动力等愿意就读技工学校的城乡各类群体。学生只需提供户口簿、身份证和毕业证书（应届毕业生还需提供成绩单），即可在技工学校注册入学，实行春、秋两季新生录取等招生政策，"鼓励以就业为导向，面向社会、市场办学，努力提高技工教育的效益和质量"，这些措施有力地改善了湖南省技工学校的招生形势。

二、招生情况

招生是技工院校生存发展之根本。1999年以来，随着全国教育结构的调整，教育局面发生了很大的变化。随着高校扩招、普高升温，中等职业学校包括技工学校出现了招生难、就业难、办学难等滑坡现象。2005—2014年，技工学校招生数呈现下降的趋势，2014年达到了低谷，这也致使技术工人出现断层。由"青黄不接"导致高素质技能人才需求旺盛，技工学校招生数出现了大幅度回升。自2015年以来，湖南省技工学校的招生呈现一种波动起伏、总体向上增长的趋势，招生总人数从2014年的37444人增加到2021年的57701人，增加了20257人。

表5-2　2005—2021年湖南省技工院校招生情况

年份（年）	招生人数（人）	增减人数（人）	增减幅度（%）
2005	60779	—	—
2006	59657	-1122	-1.88%
2007	56460	-3197	-5.66%
2008	61200	4740	7.75%
2009	60378	-822	-1.36%
2010	59516	-862	-1.45%
2011	51484	-8032	-15.60%
2012	46643	-4841	-10.38%
2013	40878	-5765	-14.10%

年份（年）	招生人数（人）	增减人数（人）	增减幅度（%）
2014	37444	−3434	−9.17%
2015	40291	2847	7.07%
2016	47606	7315	15.37%
2017	39563	−8043	−20.33%
2018	38271	−1292	−3.38%
2019	45870	7599	16.57%
2020	55039	9169	16.66%
2021	57701	2662	4.61%

资料来源：根据 2022 年《湖南统计年鉴》整理

三、毕业生情况

2005—2013 年，技工院校的毕业生人数呈现递增趋势，2013 年的毕业率达到 98.46%；2014—2021 年，技工院校的毕业率维持在 60% ~ 80% 之间，只有 2018 年和 2021 年技工院校的毕业率略微超过 80%。

表 5-3　2005—2021 年湖南省技工院校毕业生情况

年份（年）	招生人数（人）	毕业生人数（人）	毕业率（%）
2005	60779	37958	62.45%
2006	59657	39551	66.30%
2007	56460	42407	75.11%
2008	61200	43441	70.98%
2009	60378	47353	78.43%
2010	59516	44142	74.17%
2011	51484	45149	87.70%
2012	46643	41949	89.94%
2013	40878	40248	98.46%
2014	37444	28593	76.36%
2015	40291	29936	74.30%
2016	47606	29207	61.35%

续表

年份（年）	招生人数（人）	毕业生人数（人）	毕业率（%）
2017	39563	28339	71.63%
2018	38271	30746	80.34%
2019	45870	34656	75.55%
2020	55039	34237	62.20%
2021	57701	46685	80.91%

资料来源：根据 2022 年《湖南统计年鉴》整理

第三节　专业设置

当前，湖南省技工学校招生专业涉及装备制造业、电工电子、计算机信息、商贸旅游服务、建筑交通、化工能源、农林水利等十几个大类，180 多个专业，形成了以第二产业为主、第三产业为辅的特色技工教育。在各类专业中，电子商务、汽车维修、计算机应用与维修、工业机器人应用与维护、电气自动化设备安装与维修、会计、幼儿教育、数控加工及模具制造等热门专业开设院校数量较多，为社会输送大量高技能人才，助力区域产业经济发展。

表 5-4　湖南省技工院校热门专业开设情况

序号	专业名称	开设单位	数量
1	电子商务	长沙高级技工学校 湖南龙骧交通发展集团有限责任公司技工学校 中国水利水电第八工程局有限公司高级技工学校 湖南高新理工技工学校 湖南华中工业技工学校 湖南潇湘科技技工学校 长沙现代应用技工学校 湖南东方高级技工学校 湖南湘江工贸技工学校 湖南万兴技工学校 湖南通航航空技工学校	50

序号	专业名称	开设单位	数量
1	电子商务	湖南炎培技工学校 湖南华中交通技工学校 湖南大汉技工学校 湖南智云技工学校 湖南托雅技工学校 湖南工贸技师学院 湖南省陶瓷技师学院 株洲南方航空高级技工学校 湘潭技师学院 湖南省经济贸易高级技工学校 衡阳技师学院 衡阳市高级技工学校 中钢集团衡阳重机技工学校 衡阳市第五技工学校 湘南船山技工学校 衡阳工业技工学校 湖南省汽车技师学院 邵阳市高级技工学校 邵阳市交通技工学校 邵阳第二纺织机械厂技工学校 武冈市技工学校 岳阳市高级技工学校 湖南海纳技工学校 湖南华航铁路科技技工学校 张家界市高级技工学校 益阳高级技工学校 湖南兵器工业高级技工学校 沅江洞庭技工学校 郴州技师学院 湖南潇湘技师学院 永州市第二技工学校 湖南潇湘育才技工学校 永州市德舜技工学校	50

续表

序号	专业名称	开设单位	数量
1	电子商务	湖南省怀化高级技工学校 怀化工业高级技工学校 娄底技师学院 冷水江市高级技工学校 涟源钢铁集团有限公司技工学校 湘西自治州技工学校	50
2	汽车维修	长沙高级技工学校 湖南省浏阳高级技工学校 湖南高新理工技工学校 长沙现代应用技工学校 湖南曙光科技技工学校 湖南东方高级技工学校 湖南湘江工贸技工学校 湖南华中交通技工学校 湖南大汉技工学校 湖南工贸技师学院 湖南省陶瓷技师学院 株洲南方航空高级技工学校 株洲市交通技工学校 湘潭技师学院 湖南省经济贸易高级技工学校 衡阳技师学院 中钢集团衡阳重机技工学校 衡阳市第五技工学校 湖南船山技工学校 湖南省汽车技师学院 邵阳市高级技工学校 邵阳市交通技工学校 澧县技工学校 张家界市高级技工学校 张家界协力技工学校 益阳高级技工学校	39

序号	专业名称	开设单位	数量
2	汽车维修	湖南兵器工业高级技工学校 郴州技师学院 湖南潇湘技师学院 新田县技工学校 永州市德舜技工学校 湖南省怀化高级技工学校 怀化工业高级技工学校 娄底技师学院 冷水江市高级技工学校 涟源钢铁集团有限公司技工学校 湘西自治州技工学校 龙山县技工学校	39
3	计算机应用与维修	湖南省浏阳高级技工学校 中国水利水电第八工程局有限公司高级技工学校 湖南高新理工技工学校 长沙中科智能技工学校 湖南曙光科技技工学校 湖南华科技工学校 湖南智云技工学校 湖南省陶瓷技师学院 株洲南方航空高级技工学校 株洲市交通技工学校 湖南省经济贸易高级技工学校 湘潭钢铁集团有限公司高级技工学校 衡阳市高级技工学校 中钢集团衡阳重机技工学校 衡阳市第五技工学校 湘南船山技工学校 衡阳工业技工学校 邵阳市高级技工学校 邵阳市交通技工学校 邵阳第二纺织机械厂技工学校 武冈市技工学校	38

续表

序号	专业名称	开设单位	数量
3	计算机应用与维修	湖南鸿翔技工学校 岳阳市高级技工学校 湖南海纳技工学校 湖南桃花源高级技工学校 津市市技工学校 张家界市高级技工学校 张家界协力技工学校 湖南兵器工业高级技工学校 湖南潇湘技师学院 永州市第二技工学校 湖南潇湘育才技工学校 湖南省怀化高级技工学校 怀化工业高级技工学校 冷水江市高级技工学校 涟源钢铁集团有限公司技工学校 湘西自治州技工学校	38
4	会计	湖南省浏阳高级技工学校 湖南潇湘科技技工学校 长沙现代应用技工学校 湖南工贸技师学院 湖南省陶瓷技师学院 株洲南方航空高级技工学校 株洲市交通技工学校 湘潭技师学院 湖南省经济贸易高级技工学校 衡阳技师学院 衡阳市高级技工学校 中钢集团衡阳重机技工学校 衡阳市第五技工学校 湘南船山技工学校 衡阳工业技工学校 湖南省汽车技师学院	32

序号	专业名称	开设单位	数量
4	会计	邵阳市高级技工学校 武冈市技工学校 湖南省工业技师学院 张家界协力技工学校 益阳高级技工学校 湖南兵器工业高级技工学校 郴州技师学院 湖南潇湘技师学院 永州市第二技工学校 湖南潇湘育才技工学校 湖南省怀化高级技工学校 怀化工业高级技工学校 娄底技师学院 冷水江市高级技工学校 涟源钢铁集团有限公司技工学校 湘西自治州技工学校	32
5	工业机器人应用与维护	湖南省浏阳高级技工学校 中国水利水电第八工程局有限公司高级技工学校 湖南高新理工技工学校 湖南湘江工贸技工学校 湖南华科技工学校 湖南华中交通技工学校 湖南大汉技工学校 湖南工贸技师学院 湖南省陶瓷技师学院 株洲南方航空高级技工学校 湘潭技师学院 湖南省经济贸易高级技工学校 衡阳技师学院 衡阳市第五技工学校 湘南船山技工学校 衡阳工业技工学校	30

续表

序号	专业名称	开设单位	数量
5	工业机器人应用与维护	湖南省汽车技师学院 湖南省浏阳高级技工学校 中国水利水电第八工程局有限公司高级技工学校 湖南高新理工技工学校 湖南湘江工贸技工学校 湖南华科技工学校 湖南华中交通技工学校 湖南大汉技工学校 湖南工贸技师学院 湖南省陶瓷技师学院 株洲南方航空高级技工学校 湘潭技师学院 湖南省经济贸易高级技工学校 衡阳技师学院 衡阳市第五技工学校 湘南船山技工学校	30
6	计算机网络应用	衡阳工业技工学校 湖南省汽车技师学院 邵阳市高级技工学校 湖南省工业技师学院 岳阳市高级技工学校 张家界市高级技工学校 益阳高级技工学校 湖南兵器工业高级技工学校 郴州技师学院 湖南潇湘育才技工学校 永州市德舜技工学校 怀化工业高级技工学校 娄底技师学院 冷水江市高级技工学校 涟源钢铁集团有限公司技工学校 湖南建康机工学校	28

续表

序号	专业名称	开设单位	数量
6	计算机网络应用	湖南龙骧交通发展集团有限责任公司技工学校 湖南华中工业技工学校 湖南潇湘科技技工学校 长沙现代应用技工学校 湖南航空信息技工学校 湖南东方高级技工学校 湖南万兴技工学校 湖南通航航空技工学校 长沙湘府科技技工学校 湖南工贸技师学院 湖南省陶瓷技师学院 湘潭技师学院 湖南潇湘信科技工学校 衡阳技师学院 湖南省汽车技师学院 邵阳市高级技工学校 邵阳市商业技工学校 岳阳市高级技工学校 湖南华航铁路科技技工学校 张家界市高级技工学校 张家界协力技工学校 郴州技师学院 新田县技工学校 永州市德舜技工学校 娄底技师学院 湘西自治州技工学校 龙山县技工学校	28
7	幼儿教育	湖南建康技工学校 湖南龙骧交通发展集团有限责任公司技工学校 湖南高新理工技工学校 长沙中科智能技工学校 长沙现代应用技工学校	26

续表

序号	专业名称	开设单位	数量
7	幼儿教育	湖南航空信息技工学校 湖南曙光科技技工学校 湖南东方高级技工学校 湖南湘江工贸技工学校 湖南万兴技工学校 湖南通航航空技工学校 湖南炎培技工学校 湖南华科技工学校 湖南华中交通技工学校 湖南大汉技工学校 湖南智云技工学校 湖南托雅技工学校 湖南省陶瓷技师学院 湖南省经济贸易高级技工学校 湖南潇湘信科技工学校 衡阳技师学院 常德技师学院 湖南桃花源高级技工学校 湖南华航铁路科技技工学校 娄底技师学院 龙山县技工学校	26
8	模具制造	湖南省浏阳高级技工学校 株洲南方航空高级技工学校 湘潭技师学院 衡阳技师学院 衡阳市高级技工学校 中钢集团衡阳重机技工学校 衡阳工业技工学校 湖南省汽车技师学院 邵阳市高级技工学校 邵阳第二纺织机械厂技工学校 武冈市技工学校	25

续表

序号	专业名称	开设单位	数量
8	模具制造	湖南省工业技师学院 常德技师学院 湖南桃花源高级技工学校 益阳高级技工学校 湖南兵器工业高级技工学校 沅江洞庭技工学校 郴州技师学院 湖南潇湘技师学院 湖南潇湘育才技工学校 永州市德舜技工学校 怀化工业高级技工学校 娄底技师学院 冷水江市高级技工学校 湘西自治州技工学校	25
9	电子技术应用	湖南高新理工技工学校 湖南曙光科技技工学校 湖南大汉技工学校 湖南智云技工学校 湖南工贸技师学院 湖南省陶瓷技师学院 株洲南方航空高级技工学校 衡阳技师学院 中钢集团衡阳重机技工学校 衡阳工业技工学校 湖南省汽车技师学院 邵阳市交通技工学校 岳阳市高级技工学校 澧县技工学校 湖南桃花源高级技工学校 张家界市高级技工学校 张家界协力技工学校 安化县技工学校	25

续表

序号	专业名称	开设单位	数量
9	电子技术应用	郴州技师学院 湖南潇湘育才技工学校 湖南省怀化高级技工学校 怀化工业高级技工学校 娄底技师学院 冷水江市高级技工学校 龙山县技工学校	25
10	电子应用技术	湖南高新理工技工学校 湖南曙光科技技工学校 湖南大汉技工学校 湖南智云技工学校 湖南工贸技师学院 湖南省陶瓷技师学院 株洲南方航空高级技工学校 衡阳技师学院 中钢集团衡阳中级技工学校 衡阳工业技工学校 湖南省汽车技师学院 邵阳市交通技工学校 岳阳市高级技工学校 湖南桃花源高级技工学校 张家界市高级技工学校 张家界协力技工学校 安化县技工学校 郴州技师学院 湖南潇湘育才技工学校 湖南省怀化高级技工学校 怀化工业高级技工学校 娄底技师学院 冷水江市高级技工学校 龙山县技工学校 澧县技工学校	25

续表

序号	专业名称	开设单位	数量
11	电气自动化设备安装与维修	长沙高级技工学校 中国水利水电第八工程局有限公司高级技工学校 湖南省陶瓷技师学院 株洲南方航空高级技工学校 湘潭技师学院 衡阳技师学院 衡阳市高级技工学校 衡阳市第五技工学校 江南船山技工学校 湖南省汽车技师学院 邵阳市高级技工学校 邵阳市商业技工学校 舞钢市技工学校 湖南省工业技师学院 岳阳市高级技工学校 张家界市高级技工学校 益阳高级技工学校 湖南兵器工业高级技工学校 郴州技师学院 新田县技工学校 怀化工业高级技工学校 娄底技师学院 冷水江市高级技工学校	23
12	数控加工 （数控车工）	长沙高级技工学校 湖南工贸技师学院 株洲南方航空高级技工学校 株洲市交通技工学校 湘潭技师学院 湖南省经济贸易高级技工学校 衡阳技师学院 中钢集团衡阳重机技工学校 湘南船山技工学校	23

续表

序号	专业名称	开设单位	数量
12	数控加工 （数控车工）	湖南省汽车技师学院 邵阳市高级技工学校 湖南省工业技师学院 岳阳市高级技工学校 湖南桃花源高级技工学校 张家界市高级技工学校 益阳高级技工学校 湖南兵器工业高级技工学校 新田县技工学校 湖南省怀化高级技工学校 怀化工业高级技工学校 娄底技师学院 冷水江市高级技工学校 湘西自治州技工学校	23
13	新能源汽车检测 与维修	湖南潇湘科技技工学校 长沙中科智能技工学校 湖南航空信息技工学校 湖南东方高级技工学校 湖南华中交通技工学校 湖南大汉技工学校 湖南工贸技师学院 湖南省陶瓷技师学院 湘潭技师学院 衡阳技师学院 衡阳市高级技工学校 衡阳市第五技工学校 湖南省汽车技师学院 益阳高级技工学校 郴州技师学院 湖南潇湘技师学院 怀化工业高级技工学校 娄底技师学院	18

序号	专业名称	开设单位	数量
14	计算机广告制作	湖南炎培技工学校 湖南省陶瓷技师学院 衡阳技师学院 衡阳市第五技工学校 邵阳市高级技工学校 邵阳第二纺织机械厂技工学校 湖南省工业技师学院 张家界市高级技工学校 益阳高级技工学校 安化县技工学校 沅江洞庭技工学校 郴州技师学院 湖南潇湘技师学院 娄底技师学院 冷水江市高级技工学校 涟源钢铁集团有限公司技工学校	16
15	机电一体化技术	湖南华中工业技工学校 湖南万兴技工学校 湖南通航航空技工学校 湖南工贸技师学院 湖南省陶瓷技师学院 湘潭钢铁集团有限公司高级技工学校 湖南潇湘信科技工学校 衡阳市第五技工学校 邵阳市高级技工学校 常德技师学院 湖南兵器工业高级技工学校 郴州技师学院 湖南潇湘技师学院 娄底技师学院 冷水江市高级技工学校	15

＊资料来源：根据 2023 年 5 月 9 日湖南省中等职业教育阳光招生信息平台发布数据整理

第四节 师资力量

随着技工教育的复苏，技工院校教师队伍也呈现基本稳定状态。从 2005 年至 2020 年的数据来看，2005—2013 年技工院校教师数量总体呈上升趋势，并于 2013 年达到峰值；2014—2021 年技工院校教师数量呈动态波动变化，基本满足技工教育发展需求。

表 5-5   2005—2021 年湖南省技工学校教职工情况

年份（年）	教职工人数（人）	增减人数（人）	增减幅度（%）
2005	8955	—	—
2006	8890	−65	−0.73%
2007	8669	−221	−2.49%
2008	9217	548	6.32%
2009	9394	177	1.92%
2010	10074	680	7.24%
2011	11097	1023	10.15%
2012	11552	455	4.10%
2013	11820	268	2.32%
2014	11229	−591	−5.00%
2015	10946	−283	−2.52%
2016	11056	110	1.00%
2017	11128	72	0.65%
2018	10573	−555	−4.99%
2019	10803	230	2.18%
2020	9942	−861	−7.97%
2021	11343	1401	12.35%

＊资料来源：根据 2022 年《湖南统计年鉴》整理

第六章 湖南技工教育发展中存在的主要问题及其成因分析

第一节 湖南技工教育发展中存在的主要问题

一、政府支持力度弱

（一）投入规模小

《中华人民共和国职业教育法》（2022 年修订）明确规定，技工院校隶属人力资源和社会保障部门管辖。技工教育和普通教育的主要区别在于其多元办学模式，湖南省技工院校的办学主体涵盖了政府、企业、行业和民办个体四类，各办学主体直接对技工院校的人力、财力和物力进行管理。由于区域经济发展差异，致使不同地区对技工院校的财政投入存有一定的差异，尤其是与职业院校相比，不管是对技工院校的专项资金投入还是补贴投入都与职业院校有着较大的差异。2020 年，全国技工院校的财政补助经费为 2922 万元，占全国中等职业院校财政补助经费的 12.8%，而全国中等专业学校和职业高中的财政补助经费分别为 10766 万元和 8280 万元，分别占全国中等职业院校财政补助经费的 47.1% 和 36.3%。财政投入不均衡在一定程度上影响和制约了技工院校的发展，不利于技工教育水平的提升。

（二）资助差异化

一是资金投入受益院校少。从实际情况来看，政府办学能保证教职工的工资福利，还有事业、基建等财政经费，行业、企业举办的技工学校基本上都是独立核算或自负盈亏，部分企办学校还要向主管企业交纳利润；行业办学有一定政府背景，但行业的投入介于政府和企业办学之间，资金投入稳定性差，不同行业间差异较大。二是学生资助标准不统一。《技工教育"十三五"规划》提出技工院校中级工班、高级工班、预备技师（技师）班毕业生分别按相当于中专、大专、本科学历落实相关待遇，但《湖南省学生资助资金管理办法》对中等职业学校全日制学历教育正式学籍在校涉农专业学生和非涉农专业家庭经济困难学生的资助标准较低，平均资助标准为每生每年 2000 元，本专科生的平均资助标准则为每生每年 3300 元。

二、社会认可度低

（一）学生视角

一是受"学而优则仕"的传统观念影响，大多数学生热衷于高等教育，认为只有通过考取名牌大学才能真正实现个人价值并获得社会的认可。在这种观念下，技工教育往往被视为次要选择，甚至被一些学生认为是"差生"的无奈之选。二是学生对技术工人的认知存在偏见，普遍认为技术工人的工作辛苦且社会地位相对较低。即使工资较高，许多学生仍然对技工教育持有疑虑，不愿意选择就读技工院校。三是《中华人民共和国职业教育法》（2022年修订）明确技工教育为类型教育，严格意义上讲技工教育不属于学历教育，这使得学生在选择技工院校时顾虑重重，担心后续无法获得进一步提升学历的机会，从而影响后期的职场晋升、职称评定以及薪资待遇。

（二）家长视角

一是随着教育水平的普遍提高和人才市场的竞争加剧，毕业生在寻找工作和实现个人发展上面临着越来越多的挑战。家长担心技工院校的毕业生在就业市场上竞争力不足，难以找到合适的工作，导致时间和金钱的浪费。二是在许多家长的传统观念中，大学教育被视为更优质的教育路径，能够提供更好的发展机会和更高的社会认可度。三是随着经济承受能力的提升，家长愈发注重孩子的教育和未来职业发展，更希望孩子能够继续深造，而不是过早地进入职场。这种心态的转变使得越来越多的家庭倾向于将孩子送入大学，而不是技工院校。

（三）行业角度

从行业角度来看，技工院校在校企合作方面具有明显优势，尤其是企业办学的技工院校，但仍存在一些问题。一是企业参与兴致低。尽管技工院校在校企合作方面表现出较高的热情，但企业参与技工教育的积极性并不高，导致"学校热、企业凉"现象。二是合作规模和深度不够。现有的校企合作大多停留在简单的订单、定向或定岗培训上，这种单向的合作模式缺乏深度和全面性。虽然有一些学校与企业开展了委培式、冠名班等层次稍高的合作，但真正实现校中有厂、厂中有校的校企联动合作仍然较少。三是专业局限性大。目前的校企合作在某些专业上可能取得了较好的效果，但在其他专业上的合作仍然不够理想。这导致一些专业的毕业生难以获得与所学专业相关的就业机会。

（四）社会角度

一是社会地位较低。由于历史、文化和社会等原因，技工在社会中的地位相对较低，被视为"蓝领"工人。社会地位较低导致技工教育的吸引力不足，导致人们对技工教育的认可度低。二是招聘门槛高。在政府和企事业单位招聘过程中，许多企事业单位对应聘者的学历要求也越来越高，尤其是对于一些技术岗位。这使得技工院校的毕业生在求职过程中处处碰壁，无法与高等教育毕业生同台竞争。三是宣传和推广不足。社会对于技能人才的宣传和推广不足，致使人们对技工的职业前景和优势缺乏了解。现如今，尽管对技能人才的重视程度有所提高，但是整个社会对技能成才和技能就业的观念尚未得到根本性的转变，这在一定程度上限制了技工院校的发展。

三、办学条件待改善

（一）基础设施建设有待加强

《技工院校设置标准（试行）》明确要求，技工学校设置标准在校生规模800人以上，校园占地面积不少于3万平方米，其中实习、实验场所建筑面积不少于0.5万平方米。高级技工学校设置标准在校生规模2000人以上，校园占地面积不少于6.6万平方米，其中实习、实验场所建筑面积不少于1.5万平方米。技师学院设置标准在校生规模不低于3000人，校园占地面积不少于10万平方米，其中实习、实验场所建筑面积不少于2.5万平方米。对照全省技工院校的实际建设情况，部分学校的校园占地面积、实训场地未能达到应有的设置标准，基础设施建设还有待加强。

（二）师资队伍建设有待提升

一是师资数量不足。师生比在一定程度上客观地反映了学校教育教学规模的大小、办学质量的高低、人力资源利用率。根据《技工院校设置标准（试行）》规定，技工学校和高级技工学校的师生比应不低于 1：20，技师学院的师生比应不低于 1：18，同时兼职教师占比不得超过三分之一。但在全省技工学校中，有些学校的师生比与要求相差较大，教师数量严重不足，难以满足实际教学需求。二是师资队伍结构亟待优化。实际上，大部分技工院校师资队伍建设普遍存在相似问题：专业师资分布不平衡、骨干教师和专业带头人数量不足、高级职称教师比例偏低、高学历教师相对稀缺、专任教师实践技能偏弱，尽管企业中的中高技能技术骨干人员是学校急需的人才，但却难以引进。三是师资队伍素质有待提升。教师专业教学水平参差不齐，专任教师队伍中师范类毕业教师比例较低。虽然部分教师在专业素养上有优势，但缺乏专业技术的实践经验和企业实践，直接影响教师的教育教学能力。

（三）教学设备配备

一是教学设备数量不足。随着技工院校的快速发展和学生规模的持续扩大，现有教学设备已无法满足日益增长的教学需求，严重影响教学质量。二是设备更新换代缓慢。由于资金短缺和采购渠道不畅等原因，部分技工院校仍在使用老旧型号的设备，新设备的更新换代进程缓慢，导致教学内容与实际生产脱节，限制了学生接触和学习新技术、新工艺的机会。三是设备配置不合理。部分技工院校在采购设备时缺乏科学规划，导致所采购的设备无法应用于实际教学，造成资源的浪费。四是设备维护保养不到位。技工院校的设备数量众多，维护保养工作量巨大。然而，一些院校缺乏专业的维护保养人员和设备管理制度，导致设备损坏和老化现象严重。这不仅缩短了设备的使用寿命，增加了维修成本，而且也影响了正常的教学秩序。

四、专业布局待优化

一是在专业设置方面未能跟上区域产业发展的步伐。省委办公厅和省政府办公厅联合发布了《关于进一步提升工业新兴优势产业链现代化水平的意见》，明确了 20 个重点发展的产业链，并且湖南省委十一届十二次全会提出了实施"三高四新"战略以建设现代化新湖南的目标，但部分技工院校受到办学条件和专业建设投入的限制，未能及时调整其专业设置和培养目标，导致其培养的人才无法满足产业升级的需求。二是专业建设重复。当前，湖南省技工学校提供的招生专业广泛，覆盖了装备制造业、电工电子、计算机信息、商贸旅游服务、建筑交通、化工能源、农林水利等十几个大类，常年开设近150个专业。然而，地理位置相近的技工学校在专业结构、培养方向和专业建设方面存在雷同现象，导致学校的办学质量和效益普遍不高。此外，在技工学校生源整体下滑的大背景下，各学校争办热门专业、抢夺生源，造成区域内技工学校某些专业重复设置，无法形成"拳头"专业，未能发挥最大办学效益。

第二节　成因分析

一、观念影响因素

当前，社会上仍普遍存在"轻视技工、重视高学历"的观念，严重阻碍了我国技工教育的发展。这种观念导致技工教育在社会中的认可度不高，许多人认为只有学习不佳或没有前途的学生才会选择技工教育。技工院校毕业生的职业前景也因此被局限于工厂车间，这使得家长不愿将孩子送入技工院校。由于这种观念的影响，技工院校面临着招生困难和生源质量低下的问题，进而导致教育质量无法得到保障。这种恶性循环进一步加剧了社会对技工教育的偏见。

除了社会对技工教育的观念影响，部分地区政府未能充分认识到技工教育在促进经济结构转型升级和解决就业问题中的重要性。这一系列"重学历、轻技工"的传统观念严重制约了我国技工教育的发展和高层次技能人才的培养。

二、体制机制因素

（一）管理体制

一是教育政策的制定主要由教育部门负责，但技工教育归属人力资源和社会保障部管理，导致两者在管理上难以协同发展；二是学历教育和社会培训分别由教育部门和人力资源和社会保障部负责，两者在管理建设和职业技能等级证书认证上自成体系，这给搭建技能人才成长的"立交桥"带来诸多挑战。

（二）分配体制

一是教育经费的分配由教育部门会同财政部门协商，尽管技工教育是职业教育的重要组成部分，但政府在专项资金和财政补贴投入方面，对职业院校的扶持力度明显大于技工学校。二是技能人才劳动力工资水平偏低、社会福利待遇差，加之在初次分配和二次分配体制中遭受不公平待遇，这些问题制约了技工教育的快速发展。

（三）人才评价机制

2022年，中共中央办公厅、国务院办公厅印发《关于加强新时代高技能人才队伍建设的意见》，提出健全以职业资格评价、职业技能等级认定和专项职业能力考核等为主要内容的技能人才评价机制。但在具体的实施过程中，仍然未实现高技能人才在社会评价与培养、使用和激励等环节的有效联动，评价体制不健全、评价方式不科学的现象依然存在。

三、政策支持因素

近年来，政府正在逐步加强对技工教育发展的扶持力度，但技工教育的发展涉及多个办学主体，需要地方政府统筹兼顾。虽然各地政府颁布了一系列促进、扶持技工教育发展的政策，但在政策执行和监管力度方面较弱，导致一些政策无法有效落实。湖南省在技工教育综合管理方面进行了一定探索，并制定了相应的政策，鼓励社会力量兴办技工教育。但与广东、江苏、山东等技工教育发达省份相比，湖南省在政策制定和执行方面还略显保守。

四、经济发展因素

技工教育的管理归属人力资源和社会保障部门，其财政补贴主要由地方政府承担。因此，区域经济水平对技工教育的发展具有显著影响。湖南省各地区的经济发展水平参差不齐，致使技工教育的发展存在明显的差异。在经济发达地区，政府对技工教育给予高度重视，通过提供基础建设资金补贴、颁布税收优惠政策等措施，有效推动技工教育的快速发展。相比之下，经济欠发达地区的政府对技工教育的资金补贴和优惠政策相对较少，间接制约了技工教育的发展和技工院校办学水平的提高。

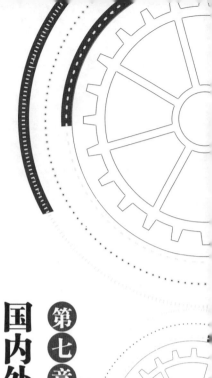

第七章

国内外优秀经验借鉴

第一节　国外职业教育发展经验

　　从世界职业教育发展的现状来看，德国、美国和日本的职业教育发展比较典型。因此，借鉴这些国家的职业教育发展经验，对于探索和完善我国技工教育的发展具有重要意义。

一、德国职业教育发展经验

　　在全球职业教育领域，德国"双元制"的职教模式是职业教育发展的典范。因此，了解德国"双元制"的职教内涵，梳理德国"双元制"职业教育的历史变迁，总结其发展经验，对我国技工教育的发展具有重要意义。

　　（一）"双元制"的基本形式

　　德国的"双元制"是职业院校和企业双方对学生进行系统培养的过程。"双元制"凸显了企业与职业院校紧密结合、实践与理论相互衔接的双重特征。"双元制"的学生，大多是完成九年义务教育后，不再进入高校进修的青年。在正式成为企业技术工人之前，学生必须在职业院校接受 2～3 年的专业培训。通常由企业和职业院校共同实施培训，一边在企业进行实际操作，一边在职业院校进行理论学习，具体的时间安排可以由企业和职业院校协同约定。简而言之，"双元制"职教模式就是同步进行理论和实践学习，让接受职业教育的学生同时接受理论和实践的相关知识。一方面，学生可以获得必要的与工作相关的理论基础知识，从而了解所操作的复杂设备结构、工作原理等；另一方面，在具备扎实的理论知识的前提下，通过大量的实操训练让学生掌握相关技能。

（二）"双元制"的发展脉络

以时间为脉络，"双元制"职业教育制度的发展大致可以分为三个阶段：

1. 萌芽阶段——中世纪到 20 世纪 20 年代末

在市场需求和政府政策的共同作用下，德国职业学校也逐渐发展起来。在此期间，行业进修学校由行会、城市和产业组织建立，这是"双元制"职业教育的雏形。在 1920 年以后，行业进修学校纷纷改名为职业学校。自此，"双元制"职业教育体系的两大基础——企业培训和学校培训初步建立。在这一时期，"双元制"所需求的要素基本完备，但制度化建设仍在探索中，职业教育的发展方向和建设思路尚未明确。

2. 基本形成阶段——20 世纪 20 年代到 20 世纪 60 年代末

1948 年，德国颁发了《对历史和现今的职业培训和职业学校教育的鉴定》，正式使用了"双元制"这一称谓。1951 年，西柏林开始实施《职业教育和青年劳动比例调解法》。1960 年 8 月，联邦政府颁发了《青年劳动保护法》，对在企业接受职业培训的青年给予特殊的保护措施，不能因学徒和青年工人参加职业学校而克扣薪酬。1969 年 9 月，德国颁发了《职业教育法》，这为职业教育提供了法律保障。该法案的颁布正式确立了以"双元制"为标志的德国职业教育模式的基本形成。职业教育法治的完善，不仅有效地规范了职业教育的发展，而且也保证了"双元制"职业教育人才培养的数量和质量。

3. 成熟完善阶段——从 20 世纪 70 年代至今

1972 年 1 月，德国颁发了《企业宪法》，规定由青年工人代表组成的企业管理咨询委员会有权参与企业职业培训的决策。1976 年 12 月，"双元制"职业教育开始注重人才培养的效率和质量。在此基础上，职业教育法律体系逐步完善，德国联邦政府于 1981 年颁布了《联邦职业教育促进法》，它是对

《联邦职业教育法》的有效补充和完善。是年12月，联邦政府颁布了《职工培训促进法》，对职业教育的规划、统计、报告和研究咨询作出了具体规定。此后，德国联邦政府不断完善法律体系，相继颁布了《联邦青年劳动保护法》《实训教师资格条例》等，逐步完善了"双元制"职业教育的法律体系。在政府政策的推动下，德国的职业教育迅速发展。

20世纪90年代以来，世界经济格局发生了重大变化，德国的职业教育也需随之不断调整发展战略。2001年，德国联邦教育部发布了《2001年职业教育报告》（以下简称《报告》），明确提出要努力打造一个专业化、个性化、面向未来、机会均等、制度灵活、相互协调的高质量职业教育体系。与此同时，《报告》也为德国职业教育在新世纪的改革和发展指明方向。2015年，德国联合国教科文委员会颁布了《2015+可持续发展教育未来战略》，强调德国要想在未来继续保持技术和服务领域的领先地位，就必须重视和发展职业教育，保持持续培养专业技术人才的能力。这一系列明晰的制度和改革思路，标志着德国"双元制"职业教育的发展进入了一个成熟完善的阶段。

（三）"双元制"职业教育的特征

由前述可知，德国的"双元制"职业教育具有如下几方面特征：

一是"双元制"深度融合了企业实践技能培训。"双元制"是学校与企业、教育培训与就业制度相结合的办学模式，是深度融合了企业实践的教育。在企业深度参与的过程中，雇主和雇员能够深入协商培训的结构和内容，提升知识传递的有效性。经过系统的学习以后，学生可以获得相关的理论知识和职业工作经验，就业时能够快速灵活地适应职业技能的要求。而且在实施过程中，"双元制"以企业技能培训为主、理论知识培训为辅，可以有效地将学员的能力与企业的实际需求相匹配，提升学员的就业竞争力。

二是"双元制"职业教育发展过程中具有完备的法律制度体系。德国"双元制"成功的关键就在于具有完备的法律制度体系，政策配套、执法严肃。从德国职业教育发展经历来看，"双元制"职业教育体系不仅有效降低了失业率，同时也促进了德国的经济发展，由此完善"双元制"的立法体系，促进"双元制"持续稳健运行就有了永恒动力。

三是"双元制"职业教育发展过程中具有有效的运行机制。德国"双元制"职业教育体系管理机制统一，且分工明确。其中，职业培训由工商联负责，工商联是民间组织，是政府与职业教育界的桥梁；招募学员主要由学校负责，而实施培训主要由企业和职业学校负责，职业学校负责学生的理论知识培训，企业主要负责学生实践教学的培训。政府则主要在制定相关政策、完善相关法律、提供职业教育基础设施及相关公共服务支持和管理职业教育市场环境方面发挥作用。

四是"双元制"职业教育发展过程中具有明确的培养目标和较高的培养质量。德国"双元制"职业教育的培养目标十分明确，就是培养符合企业需要的高技术技能人才。而且"双元制"职业教育的培养过程十分严格，尤其重视培养质量。德国"双元制"职业教育教学质量评估框架反映了社会的需求及政府和法律的要求，综合了教师、学生、家长和企业等教育利益相关者的诉求，并考核了教学论和相关科学的定位，以及教学资源利用情况，尤其注重教学论、系统化和专业化的特点。其中，德国"双元制"职业教育质量体系源于全面质量管理理论，该理论是德国政府于20世纪末引入职业教育领域，并逐渐发展成为德国"双元制"职业教育培养体系中的重要一环。德国"双元制"职业教育有了明确的培养目标和高水平的培养质量才保证了培养的学员符合企业发展需要，也是企业深度参与的动力所在。

五是"双元制"职业教育在德国具有深厚的社会基础和浓厚的社会氛围。在德国，普遍存在重视技术、崇尚技术，而不盲目迷信学历、不盲目崇拜大学教育的社会观念，这种社会观念也可以说是德国"双元制"职业教育之所以取得成功的思想基础。因此，浓厚的社会氛围也是社会各方积极参与"双元制"职业教育体系的典型特点。另外，德国"双元制"职业教育还具有重视职业教育师资的培养，职业教育和普通中学衔接紧密的特点。

这些特点都根植于德国深厚的职业教育文化沃土之中，是几十年甚至上百年来慢慢积累而形成的，不是一朝一夕的成果。

（四）德国职业教育发展的启示

近年来，我国已将发展技工教育上升到战略层面，但是目前教育体系中重视高等教育、技工教育认可度不高等问题仍制约着我国职业教育发展。而德国的"双元制"职业教育却受到德国民众的广泛欢迎，德国职业教育发展过程以它自身的特点及独到之处也受到各国的普遍承认，这些都给我国技工教育的发展提供了有益经验和启示。

一是技工教育发展过程中要依法治学，重视技工教育发展中的政策制度建设。德国职业教育发展的一个特点就是制度规范，依法治学。因此，结合我国实际，技工教育法制建设应围绕构筑实现各类教育等值的途径、提高技工教育质量的措施、制定鼓励企业参加技工教育的政策、扩展促进技工教育改革的手段等方向展开。

二是技工教育发展过程中要加强校企合作，企业的深度参与是技工教育能否成功的关键环节。德国"双元制"职业教育的成功之本就是校企合作，重视学校理论培养和企业实践锻炼同步对学员进行有效培养。因此，技工教育人才培养的目标应当是根据市场经济的发展和需要设置专业课程，努力实现教育与就业的相互衔接，加强校企合作，发挥校企双方在技工教育中的重要作用。

三是强化技工教育"双师型"教师队伍的培养。教师是技工教育成功与否的关键因素。德国职业教育从开始之初就十分重视教师队伍的培养，目前已经形成完善的"双师型"教师队伍培养体系。德国"双师型"培养体系主要包括：完善的教师在职培训体系、独具特色的师资校本培训、高度融合的校企合作培训以及完备的外部制度保障等几个方面。与之相比，我国技工教育体系中的"双师型"教师队伍培养还存在诸多不足，主要体现在对"双师型"概念的认识不清、校本培训的优势发挥不足、缺乏企业的有效参与等方面。因此，在技工教育"双师型"教师队伍培养中应实事求是，结合我国国情，积极借鉴德国"双师型"教师培养经验，明确"双师型"教师的准入制度，完善培养条件保障机制，建立科学合理的评价考核机制，激发技工教育教师群体自我提升的动力。

四是加强技工教育的组织管理工作。完善的组织管理工作则是德国"双元制"职业教育取得成功的重要保障。"双元制"职业教育有完善的组织管理体系，并不完全取决于行政命令和法律规定，而是注重引导作用，尤其是积极引导企业自觉自愿参与。同时，"双元制"职业教育在培养操作技能的同时，也强化组织管理工作，引导企业和职业教育院校对学员进行理论知识教授和公民道德教育。但是目前德国"双元制"职业教育体系也面临一个重大挑战是企业提供的培训岗位呈下降趋势。如何加强组织管理工作，积极引导企业的自觉自愿参与是双元制有效实施的关键。

五是改善技工教育教学方法和质量。参照德国的经验，修订需求导向的技工教育专业目录，开发适合企业的技工教育教学管理系统，定时发布技工教育年度报告，建设专业级技工教育文献数据平台。坚持工作过程导向的技工教育学习领域的改革，不断强化技工培训教学内容改革。

二、美国职业教育发展经验

依托于高度发达的工业体系，美国职业教育快速发展并形成了完备的职业教育政策体系，为其职业教育的发展提供了保障，而高度发展的职业教育体系又为美国经济的腾飞提供了可持续的人才资源。目前美国职业教育发展具有"合作制"的特点，其"合作制"职业教育运营主要是政府主办，工商界广泛参与，院校和企业充分合作运行，即具有"合作职业教育"的发展特点。

（一）美国职业教育发展脉络与阶段特征

美国职业教育的演变经历了以高等职业教育为主的创建阶段、以开展中等职业教育为主的发展阶段、以关注弱势群体均等教育需求为导向的完善阶段、以重视质量与效率为根本的成熟阶段。

1. 以高等职业教育为主的职业教育创建阶段

美国独立之前，受英国职业教育发展影响，其职业教育的形式一直以"学徒制"为主。美国独立之后，随着生产力水平的不断提升，产业革命和"西进运动"的推动，使整个国家对产业工人的劳动技能和劳动数量的需求迅速增加，传统的"学徒制"职业教育培养模式已经不适应现实需要。为此，美国在各地创建机工学校和农业学校用以培养高技能劳动力，如 1814 年波士顿的农工学校、1820 年纽约州的机工学校、1821 年缅因州的农业学校、1824 年宾夕法尼亚州的机械工讲习所、1824 年康涅狄格州的农业工业劳动学校等，以及 1851 年费城成立的专门讲授工业制图、制造工艺的学校等，这些都是美国最早的职业学校。很显然，这一时期的美国职业教育发展尚处在萌芽状态。

19 世纪 50 年代以后，美国联邦政府开始重视职业教育的发展，并颁布了一系列制度法案规范职业教育发展。其中，1862 年颁布《莫雷尔法案》，这是美国职业教育制度确立的起点，《莫雷尔法案》的实施对美国职业教育的发展具有极大的促进作用。随后，1895 年成立的"全国制造商协会"是第一个支持发展职业教育的全国性协会。1905 年的"道格拉斯委员会"报告使职业教育在美国引起强烈反响。更为重要的是，1917 年颁布了在美国职业教育史上具有里程碑意义的《史密斯—休斯法案》，该法案的颁布标志美国职业教育制度的最终确立，同时该法案要求建立全国性的联邦职业教育委员会，以加强对职业教育的统一领导。这一时期是美国职业教育的创建阶段，而美国职业教育的发展则为这一阶段经济腾飞奠定了人才基础，同时，也提高了职业教育在美国高等教育体系中的地位。

2. 以开展中等职业教育为主的职业教育发展阶段

这一阶段，以杜威为代表的实用主义学者们认为经济和科学的发展必然把职业教育纳入学校教育之中，重点应当发展中等职业教育。与之同时，政府也加强了对职业教育特别是中等职业教育的扶持力度。1920 年颁布的《史密斯—费斯法案》、1934 年颁布的《乔治—埃利泽法》、1936 年颁布的《乔治—迪恩法》等都明确规定了对职业教育领域提供资金援助，加大了对职业教育的扶持力度。而且，受 1929 年世界经济大危机的影响，这一阶段职业教育成为政府抑制经济衰退和解决就业问题的重要工具。在这一过程中，中等职业技术教育得到更多的重视和扶持资金的帮助。在此基础上，1963 年《职业教育法》和 1968 年《职业教育修正案》应运而生，这两个法案明确规定了美国职业教育的目标不是片面迎合劳动力市场的需求，而是致力于促进个人素质的全面提高。

3. 以关注弱势群体均等教育需求为导向的职业教育完善阶段

这一阶段，美国因贫富差距所引发的系列问题逐渐引起政府的关注。而职业教育作为能够缓解贫富差距的有效手段，使政府越来越重视职业教育的发展，尤其是更多关注弱势群体对职业教育的需求问题。为此，1965 年政府颁布的《初等和中等教育法》强调教育公平，尤其增加贫困群体接受职业教育的机会。同年颁布的《高等教育法》、1968 年颁布的《职业教育修正案》、1973 年颁布的《综合雇佣和训练法案》和 1977 年颁布的《青年就业与示范教育计划法》等都将关注的重点转移到弱势群体领域，试图通过增加贫困群体的职业教育机会来解决其贫困问题，尤其是贫困的代际传递问题。

4. 以重视质量与效率为根本的职业教育成熟阶段

这一阶段，经济发展对劳动力的需求逐步由数量规模需求向质量需求转变，高素质的劳动力资源短缺问题已经成为亟待解决的问题。此时，已有很多学者对传统的过分关注教育公平的思想进行了反思和批判。20世纪80年代以来，"新联邦主义"思潮影响着职业教育法案的修正。1984年出台了帕金斯职业教育系列法案，标志着注重质量和效率的职业教育人才培养导向的转变。同样，1990年《帕金斯职业和应用技术教育法案》也重点关注职业能力和学术能力，并启动"技术准备计划"。1994年《从学校到工作机会法案》更加强调学术教育与职业教育融合，注重职业教育质量培养。而1998年的《帕金斯生涯和技术教育法案》重新确立了"职业技术教育"概念，首次明确中等教育和中等后教育如何有效衔接。这一时期，美国职业教育逐步提高职业教育质量和层次，职业教育管理机制逐步优化，而且一系列的有效举措也推动了美国职业教育现代化进程。

（二）美国职业教育发展特点

通过对美国职业教育发展的历程回顾，发现美国职业教育发展具有如下特点。

一是美国职业教育发展具有政府主导的特点。美国实施的是"合作制"职业教育模式，具有政府主办、工商界广泛参与、院校和企业充分合作的特点。由于美国实施的是12年义务教育制度，因此中等职业教育主要由政府主办实施，而职业教育的主体为高中后教育，也就是高等职业教育阶段。高等职业教育实施机构中最具代表性的是社区学院。从整体来看，职业教育的举办者可以有联邦政府、州政府、工商行会组织、企业等，形式多种多样，但都具有政府主导的特点。

二是美国职业教育发展与劳务市场的需求密切配合。在美国"合作制"的职业教育模式下，职业教育课程设计和开设科目都与现行的劳务市场需求紧密相关、灵活多样、应用性较强。美国工商业企业通过不同形式参与到职业教育的课程培养之中，或是直接参与培养，或是直接购买培训，或是参与实习培养等深入参与职业教育人才培养，不断提升职业教育培养质量。

三是美国职业教育发展过程是以立法手段为发展基础。前文所述，美国职业教育发展的不同阶段都是以出台标志性的法律制度来为职业教育发展提供法治基础。美国"合作制"职业教育更是建立了完善的职业教育制度体系。纵观美国职业教育立法历程，1862年《莫雷尔法案》开创了政府扶持职业教育先例。1963 年《职业教育法》明确要求对职业教育增加经费支持，政府专项经费也由 1964 年的 6000 万美元增至 1967 年的 2.25 亿美元。1994 年《学校与就业机会法》中明确规定到 2000 年前投入大量财政预算实施职业教育改革计划。而到新世纪，2018 年美国总统特朗普签署了《加强 21 世纪生涯与技术教育法案》。显而易见，职业教育法治体系的完备是美国"合作制"职业教育成功的关键环节。

四是美国职业教育发展与普通教育相互协调统一。早在 20 世纪七八十年代，美国职业教育就与普通教育相互渗透和相互融合。通过加强与普通教育的融合，使接受职业教育的学员们能够同时接受职业教育、普通教育和大学预科教育，构建职业教育学员多方成长路径，使学员能够根据自身特点选择合适的职业发展道路。美国"合作制"职业教育模式能够搭建职业教育与普通教育的桥梁，重视培养质量及促进个人发展，拓宽职业教育学员成长路径。

五是美国职业教育发展过程中重视产教结合。第一是美国的职业教育能够与不同时期的国家经济发展战略有效结合起来；第二是美国职业教育发展水平与不同地区的经济发展水平相协调；第三是美国职业教育进程中企业的生产经营与职业培训结合起来；第四是美国职业教育对授课教师的资格要求较高，尤其是要求教师应当具有一定的工作实践经验。

（三）美国职业教育发展的启示

美国职业教育取得了卓有成效的成绩，尤其是在高等职业教育领域培养了大批的高技能技术人才，为美国全球经济领先地位提供了人力资本支撑。总结美国职业教育发展经验，对我国技工教育发展具有一定的借鉴意义。

首先，技工教育的发展必须要适应经济发展需求，以培养企业需要的专业技术技能人才为目标。相较于美国的职业教育体系，我国的技工教育在培养技术技能人才的过程中存在与社会脱节的问题。学校未能准确预测未来的职业方向和人才需求情况，同时企业在人才培养过程中参与度也较低，使得技工教育缺乏竞争力。

其次，技工教育发展过程中要具有完备的法律制度体系。法律制度体系的完备是美国职业教育能够取得成就的关键环节。纵观我国技工教育制度建设，不难发现，制度滞后仍是制约我国技工教育发展的重要环节。因此，优化技工教育制度体系、完善相关法律法规势在必行。

最后，美国职业教育与普通教育能够做到有效衔接，这点应是我们技工教育学习的重点。目前我国技工教育体系与普通教育体系还没有有效衔接，这也是导致技工教育体系得不到有效发展的重要因素。由于"精英教育"思想的长期存在，使进入技工教育体系的学生被"自然"排斥在"精英教育"体系之外，导致社会普遍认为只有学习成绩不佳的学生才进入技工院校。这种思想认识严重制约了我国技工教育发展，技工教育课程与普通教育有效衔接，拓宽技工学校学生发展路径将是未来深化教育体制改革的重点内容。

三、日本职业教育发展经验

目前，日本的职业教育体系主要由两个部分组成，一部分是职业教育院校实施的学校教育；另一部分是由校外的企业或其他组织机构实施的社会公共训练，二者共同构成了日本的职业教育体系。而其中，学校的职业教育体系主要为未就业的青少年提供职业技术培训和已经就业的企业员工提供岗位技能培训；社会训练的接收对象则为一些社会弱势群体如失业者或转换工作者提供再就业培训。二者各司其职，共同构成日本的职业教育体系。

（一）日本职业教育发展脉络与阶段特征

1. 日本职业教育发展的萌芽时期

早在19世纪60年代初期，伴随着日本明治维新的开始，一些西方的职业教育理念和成功经验就被引入日本，鉴于职业教育人才培养的功能，职业教育也逐步引起了日本政府的重视。1871年，日本工部省在东京设立"工学寮"，属于最早的公办工业学校，也是日本最早的职业学校。"工学寮"的设立标志着日本职业教育的开端。继而，翌年日本政府就颁布了《学制》，明确规定职业教育学校的具体要求。1874年，日本东京设立"制造学教场"，标志着日本中等程度职业教育机构设立的开始。1883年颁布的《农学校通则》和1884年颁布的《商业学校通则》则标志着日本职业教育制度的正式开始。随后日本政府不断完善职业教育制度体系建设，规范本国职业教育发展。1893年，日本政府颁布《实业补习学校规程》等教育法令。1899年，日本政府颁布《实业学校令》，首次明确中等职业教育与中等普通教育是并行的职业教育制度，正式确立中等职业教育制度。1903 年，日本政府又颁布《专门学校令》，明确界定职业教育学校概念。1921 年颁布、1938 年修订的《职业介绍法》等一系列制度的颁布和实施极大地促进和规范了日本职业教育的发展。

2. 日本职业教育发展的改革恢复期

二战之后，由于遭受严重的战争损失，日本经济面临崩溃，亟须建立职业教育体系来促进就业和遏制经济下滑。在此背景下，1947 年，日本国会通过《教育基本法》，随后颁布《学校教育法》，正式在义务教育的初中基础上增加有关职业教育的相关课程。1951 年，日本政府颁布《产业教育振兴法》，该法案对日本开设职业技术教育的目的和任务都作出了明确规定，该法案的颁布明确了日本职业教育的发展和改革方向。在《产业教育振兴法》的推动下，日本在 20 世纪 60 年代形成了较为完整的职业教育体系。1976 年颁布的《专修学校设置法》和《专修学校设置基准》不仅对专业课程设置有了明确的要求，而且对专任教师的任教资格也作了相关要求。从 20 世纪 70 年代开始，日本职业教育体系结构持续优化，高等职业教育得到快速发展，而且，职业教育发展也开始重视产业需要与企业需求的结合。

3. 日本职业教育发展的繁荣期

20 世纪 80 年代以来，随着信息技术高速发展，产业结构逐步优化，在以制造业为主的第二产业比重逐步下降，第三产业比重持续增加背景下，这一阶段日本职业教育发展开始重视职业教育培养质量方面，职业教育改革主要集中在普通教育与职业教育融合、职业教育教学课程设计和实践教学领域。1991 年，日本政府发布《新时代教育诸制度改革报告》，尝试将普通教育与职业学科进行结合，以提升学生的综合素质与能力。到 1994 年，职业高中被改为综合高中，同时进行普通高中与中等职业教育，让学生拥有更多自由选择机会。2001 年重新修订《职业能力开发促进法》，2006 年推行《职业教育综合计划》都明确了新时期日本职业教育发展方向和具体的实施方案。

（二）日本职业教育发展的启示

1. 构建多层次、多类型并与经济互动发展的职业教育体系

前文所知，日本职业教育具有多类型、多层次和开放贯通的特征。其中，多类型是有社会和学校两种系统类型对学员进行培养；多层次是初等职业教

育、中等职业教育和高等职业教育多个培养层次；而社会公共训练和学校教育同步进行本身就包含开放贯通的内涵。

2. 设计与普通高校学位相衔接的技工教育学位制度

20 世纪 90 年代开始，日本的学位制度就开始改革，逐步建立与普通高校学位相衔接的高职教育学位制度。不断健全高职院校与应用型本科院校之间的沟通与衔接，通过 1991 年逐步探索"准学士"学位，1995 年开始授予"专门士"学位，2005 年又增设了"高度专门士"的称号，逐步完善学位制度，不断为职业教育高职学生继续深造提供发展路径。

3. 加强职业学历证书与职业资格证书"双证"之间衔接

日本职业教育发展的重要特征就是使职业资格和就业密切联系。通过加强职业学历证书与职业资格证书"双证"之间的有效衔接，使日本职业教育培养有效匹配社会经济发展需求；同时日本职业教育和劳动力市场密切联系，企业深度参与职业资格认定，这样就能从源头上确保职业教育培养的人才符合企业和产业发展需要，从而确保了职业教育培养质量。这种双证融合的做法非常值得我们借鉴。

4. 加快建设技工教育法律法规体系

日本职业教育通过系统的职教立法，为职业教育促进产业发展保驾护航，因此，职业教育法律法规体系健全和完善是日本职业教育能够取得诸多成绩的重要保障。在职业教育发展的各个阶段，日本政府能够结合社会经济发展需要，不断对职业教育法律法规进行调整和修订，使职业教育法律法规能够促进日本社会经济发展。日本职业教育的法律法规体系完整和可操作性强将对我国技工教育的制度建设具有重要启示。

5. 采取开放型的师资培养体系

在职业教育发展过程中，日本政府十分重视对职业教育师资队伍的培养，对职业教育教师的录用采取严格的录用制度，并建立多样化的在职培训制度，通过多渠道引进师资和给予优厚待遇等方式完善师资培养体系。

第二节　国内技工教育发展经验

一、技工教育的"广州模式"

（一）什么是"广州模式"

广州市先行先试，经过长期实践探索出的既具有广州特色，又代表全国技工教育缩影的现代技工教育模式，三维一体技工培养体系——"广州模式"。所谓三维一体，即广州技工教育在办学模式上，体现出"政校企"一体；在培养模式上，体现出"工学评"一体；在成才模式上，体现出"技艺道"一体。

在"政校企"一体的办学模式上，广州市技工教育系统的政府主管部门、技工院校和相关企业、行业形成联动机制，共同发挥各自作用，协同完成技能人才的培养任务。即由地方政府部门、技工院校、企业等共同参与管理和建设，三者之间建立起合作伙伴关系，共同承担技工的培养任务。其间，广州市人力资源和社会保障部门在技能人才培养过程中处于主导地位，发挥着引导、支持、协调和统一的领航作用。作为技工教育的实施主体，广州市技工院校与企业开展深度合作，按照企业对技能人才的需求制订培养目标、开设专业、设计课程，实现技工院校学生毕业和就业的零距离对接。同时，学校为企业生产、服务提供了大批高素质的技能型人才，为企业技术研发提供了高水平的技术和科研支撑，学校自身吸引力也得到不断提升，"政校企"三方实现了"共赢"。

在"工学评"一体的培养模式上，广州市技工教育工作者基于职业资格分析确定了工作与学习相结合的人才培养目标，围绕工作过程系统化开发出一体化课程，并有效整合、优化课程资源，创造性地开发出具有广州特色的工作页教材和学习工作站，开展行动导向的教学。值得一提的是，部分技工院校深入开展校企合作，将综合实践教学附着在真实的生产项目合同中，让学生在真实的生产或服务环境中学习，培养技术精英。在教学质量监控方面，广州技工教育系统将企业评价和院校自身评价结合起来，大力开展过程性评价。同时，还引入国际最新的职业能力测评项目，以观测学生的职业潜在发展能力。

在"技艺道"一体的成才模式上，广州市技工教育充分吸纳了德国设计导向的职业教育思想，以培养学生综合职业能力和职业素养为目标，深化了对"技""艺""道"的认识和理解。明确了技工院校学生的职业成长遵循"从初学者到专家"的逻辑发展规律，其发展过程分为初学者、高级初学者、有能力者、熟练者和专家五个阶段。为了有效融合学生成长中的诸多教育因素，广州市技工教育系统以活动为载体，采用各种形式营造氛围，促进技工成才中"技艺道"一体的运行。

（二）什么催生了"广州模式"

岭南文化是技工教育广州模式产生的文化环境。由固有的本土文化、南迁的中原文化和舶来的域外文化组成的岭南文化是中华民族传统文化中最具特色和活力的地域文化之一。正是岭南文化务实、开放、兼容、创新的精神实质，以及广州人所独具的变革意识、商业意识、务实意识和平民意识，孕育了现代技工教育的"广州模式"。

改革开放以来，广州市的产业结构不断升级优化，以汽车、石化、钢铁等为标志的装备制造业和重化工业迅猛发展，使广州成为了一个工业总产值过万亿元的经济大市。随着广州市以服务经济为主体，现代服务业、高新技术产业和先进制造业融合互动、协调发展的现代产业体系的加快建立，区域性现代服务业中心、国际商务会展中心、亚洲物流中心、华南科技创新中心和国内先进制造业基地的重点推进，必将对广州三大产业的就业结构产生较为强烈的影响。在此过程中，技能人才的供给质量直接影响产业结构调整目标的达成及劳动力向第三产业流动的速度。因此，围绕广州市产业链条向高附加值的两端延伸这一发展目标，优化培训项目结构，创新技能人才的培养模式，通过吸引社会力量参与技能人才培训、建立校企合作的技能人才培养机制，拓展技能人才培养新渠道，在更高层次上配置职业技术教育资源，显著增加广州市新产业发展战略所需的技能人才数量，是解决广州市产业结构调整中的技能人才缺口的重要举措，这给培养技能人才的广州技工教育提出了更高的要求。

（三）"广州模式"的启示

1. 行政主导

在机构完成改革之初，广州市人力资源和社会保障局局长崔仁泉提出：

加强技能人才尤其是高技能人才培养，对于推动广东产业结构调整和优化升级、推动科技成果转化为现实生产力，保持经济持续快速发展、构建和谐社会具有重大的现实意义。基于对现代技工教育现实意义的深刻认识，广州市人力资源和社会保障局设立了技工教育管理处、广州市职业技术教研室和职业技能教学研究会等部门，负责或参与全市技工教育的管理和服务。这是一次最优化行政资源的配置，这也是一次寄予厚望的创举。正是这种创新理念和科学发展，奠定了广州市"政校企一体"的办学模式。

2. 高端引领

一是层次高。改革开放 40 余年，广州市初步形成了以 7 所技师学院为龙头，以 22 所技工学校为骨干的技工院校格局。二是高定位。广州技工教育紧贴广州市产业升级转向需求，以高新技术为主要内容，服务于广州先进制造业、现代高新技术产业、战略性新兴产业、现代服务业和现代农业，满足这些产业对高技能人才的需求，而不仅仅是培养一般性的技能人才。三是高标准。近年来，广州市人力资源和社会保障行政部门不断加大对技工教育公共实训基地的投入，以高新、高端技术项目为主体，打造了高技能人才公共实训鉴定服务体系。

3. 市场导向

广州市技工教育从加快经济社会发展的要求出发，从创建终身教育体系和学习型社会的目标出发，引入产业的理念、市场的观念和产教结合的思想，不断提高对技工教育与经济发展紧密关系的认识，同时坚持市场取向，把市场需求作为办学的第一信号，把市场机制作为办学的重要手段，把就业市场的满意度作为衡量办学质量和效果的主要依据，把技工院校招生数量、毕业生就业率和学生适应能力作为根本目标，确立技工教育体系的整体构成和层次结构，创新技工教育的体制和机制，加强广州产业发展人才需求、技工教育专业设置以及职业能力分析及培养研究，积极搭建校企合作平台促进技能人才岗位适应性与匹配度，不断促进经济和教育的协调快速发展，逐步形成了以市场为导向的技工教育与产业发展之间的良性互动机制。

4. 开放多元

技工教育"广州模式"在办学体制上，形成了以政府办学为主体的开放式多元化办学体制，校企间优势互补、产教间密切结合，最大限度地统筹利用社会资源，提高办学效益和质量。同时，坚持公办教育与民办教育并进。

二、工学一体化改革经验

为深化技工院校教学改革，加快技能人才培养，人力资源和社会保障部办公厅于 2009 年印发《技工院校一体化课程教学改革试点工作方案》，在全国部分具备条件的技师学院、高级技工学校中开展一体化课程教学改革试点工作。通过 2010 年、2012 年、2016 年三批试点逐步推进，试点专业 31 个、试点院校 191 所。经过十多年的发展，取得了显著成效。

（一）北京市工贸技师学院：以一体化课改引领内涵发展

2009 年，北京市工贸技师学院作为首批 30 所全国技工院校一体化课程教学改革（以下简称一体化课改）试点院校之一，参与电气自动化设备安装与维修专业部级一体化课改。学院始终坚持以一体化课改试点工作为引领，通过建章立制、项目联动师资培养、持续提高一体化课程开发等措施，一体化课改取得显著成效。

1. 一体化课改具体措施

一是建章立制，标准先行。在一体化课改工作中，组建了由领导小组（学院领导）、督导组（职能部门）、课程实验组（专业系）组成的专门工作机构，陆续制定了《教学工作量认定及课时核算管理办法》《一体化课程实验实施管理办法》《一体化课程实施评价标准》等管理规定。在参加培训、职称评审、评比评优方面都对一体化教师予以激励倾斜，为一体化课改的可持续推进提供了保障。2012 年起，参与电气自动化设备安装与维修、数控加工、数控机床装配与维修、计算机广告制作、楼宇自动控制设备安装与维护、服装制作与营销、烹饪 7 个专业部级一体化课改。牵头其他参与院校共同完成了楼宇自动控制设备安装与维护、数控机床装配与维修、计算机广告制作 3 个专业的部级一体化课程规范（试行）和工作页（试行）的开发任务。

二是项目联动师资培养，形成项目联动师资培养的双轮驱动机制，既推进一体化课改等项目工作又培养了专业师资团队。学院以专业高质量发展和长效运行为目标，将一体化课改与培养专业带头人、课程负责人等进行捆绑设计。一体化课改的建设任务成为教师年度成长方案中的重点内容，教师需承担一体化课程开发和实施的具体任务，参与一体化课改相关培训，并接受学院的考核、评价和认定。2009 年至今，通过开展"国家中等职业教育改革发展示范学校建设项目""国家高技能人才培训基地建设项目""北京市特色高水平骨干专业群和实训基地建设项目"等国家级、市级和学院级项目，继续推进一体化课改。

三是持续提高一体化课程开发等课改相关技术。依据国标课规，逐步建设、形成了学院"四阶段十八步"的一体化课程开发路径，包括培养目标确定、课程目标与内容确定、教学与实施、课程与学业评价四个阶段，行业企业调研、实践专家访谈会、典型工作任务描述等 18 个步骤。为降低一体化课程开发难度，针对学习任务的知识技能分析等难题，提出了"学习任务分析支架"和"教学设计框架"两项课改技术，最大程度地帮助教师找到学习任务内部蕴含的知识和技能，帮助教师进一步理解、明确完整的工作过程在教学组织中的应用方式。

2. 一体化课改成效显著

一是课改成果丰硕。开发或二次开发完成了电气自动化设备安装与维修、数控加工、楼宇自动控制设备安装与维护、烹饪等 13 个专业的 144 门一体化课程及相应一体化课程标准，663 个学习任务、646 个学习任务的工作页。

二是学生综合素质显著提升。目前学院学生平均一次就业率达到 98%；学生在世界技能大赛等各级各类技能大赛中多次获得金牌、一等奖等优异成绩；多个专业学生得到机会参与庆祝中华人民共和国成立 70 周年大会、北京冬奥会和冬残奥会等国家及北京市重大活动的服务工作；已毕业就业的学生也在各自的岗位上大放异彩，迅速获得企业认可。

三是以专业带头人、技能大师为引领，以骨干教师为核心，以一体化教师为支撑的梯级化教师团队形成。围绕着专业教师的专业规划建设能力、课程开发能力、教育教学能力、教学评价设计能力、教学组织实施能力、教学研究能力、团队建设管理能力等核心职业能力，以一体化课改和专项项目建设为载体，以鼓励教师参加学院内各类教学设计比赛、说课比赛、观摩课和示范课评比、论文评比、课题研究等活动为抓手，通过各层级梯级遴选、培养、认定、履职等机制，开展了一体化教师队伍建设。学院培养出了 1 名"北京市人民教师"、4 名"北京市技能大师工作室"领办人、2 名北京市级职教名师、3 名市级专业带头人、5 名市级骨干教师、3 名正高级职称教师。教师在一体化课改期间，参加全国技工院校教师职业能力大赛，获得 2 个一等奖、1 个二等奖；参加全国数控技能人赛教师组比赛，获得 6 个一等奖、1 个二等奖；参加全国智能制造技术应用大赛，获得 1 个一等奖、2 个二等奖，更有 11 名教师获得"全国技术能手"荣誉称号。

四是专业影响力品牌特色显著提升。电气自动化设备安装与维修等 13 个专业成为了北京市特色高水平骨干专业和实训基地（工程师学院和技术技能大师工作室）建设项目专业。还依托服装设计与制作、电气自动化设备安装与维修、计算机广告制作、烹饪（西式烹调）4 个专业，承担了第 43—第 46 届世赛时装技术项目、第 44—第 46 届世赛移动机器人项目、第 45—第 46 届世赛商品展示技术项目、第 44—第 45 届世赛烹饪（西餐）项目的中国集训基地任务，先后培养出 19 名世赛国家队选手。

（二）江苏省盐城技师学院：开发学材扩大试点提升办学内涵

2009—2016 年，江苏省盐城技师学院先后分三批参与人力资源和社会保障部切削加工（车工）、钳加工（模具制造）、服装制作与营销、数控机床装调与维修、新能源汽车检测与维修、电子商务共六个专业的一体化课程教学改革试点，并从 2013 年起，选择 7 个骨干专业扩大一体化教学改革试点，全面提升办学水平和学生就业质量。

1. 校企合作，共同培养

试点期间，制定《全面推进"冠名办班"式校企合作共同培养高技能人才的实施意见》《校企合作项目的实施办法》《工学交替管理办法》等，大力推进校企合作共同培养。试点班级全部实现校企合作冠名办班，"五共同"培养高技能人才，冠名企业与学校共建实训室、共建学生生活公寓，引进企业文化；企业安排培训师到校上课；学校安排学生到企业工学交替；企业颁发奖学金等。校企深度合作，将教学过程与工作过程完全相融，共同培养适合企业需求的高技能人才。

2. 过程监控，阶段推进

试点教学过程中，专家组全程参与指导与监控。每个阶段的中期、末期进行定期研讨、评价、反馈，召开专题工作汇报研讨会，必须完成此阶段的试点教学任务、工作目标，取得预期成果，通过专家评审后方可进入下一阶段的试点工作，以保质保量完成试点教学任务。

3. 专家指导，注重质量

全校成立校企合作委员会与 9 个专业建设指导委员会。组织多次专项活动，召开企业实践专家访谈会，充分听取行业企业专家对人才培养方案的意见与建议；请课程专家论证课程标准；请企业工程技术人员参与校本教材、学材的编写与审稿；邀请企业人力资源专家对学生的职业能力、职业素质进行综合考评；听取企业工程技术专家的意见及建议，结合课程教学项目，及时配备相关高新技术教学设施，如电气专业的工业机器人、数控专业的装调与维修、世界集训基地等教学设施设备，保证了一体化课程教学试点教学任务得以顺利实施，教学质量明显提升。

4. 工学一体，开发校本教材、学材

专用教材分为教材与学材，其学习内容来源于企业工作实践，即"学习即工作、工作即学习"，充分体现"教、学、做"相融合的一体化教学理念。教材重在指导学生怎么做，主要从知识准备、工艺分析、能力拓展角度编写，既是教师用书也是学生学习参考用书。学材重在提示学生如何做，主要从学生完成的工作任务流程角度编写，着重体现完成项目基本环节，体现学生自主学习、合作工作的学习方法。教材与学材配套使用，两者相辅相成，互相补充，这样更能适应技工院校学生的学情，更具实用性。

5. 制定标准，建设一体化师资队伍

制定《一体化教师资格认定与聘用标准》，组织一体化教师资格认定申报，依据申报条件，经个人申请、二级学院推荐，学校组织专家评定。分批次开展一体化教师教学能力培训，试点专业骨干教师开展一体化教学公开课、示范课、研讨课，选派专业教师开展企业实践。通过考核的一体化教师，由学校统一颁发一体化教师资格证书。初、中、高级一体化教师工作量系数分别设置为 1.2、1.3、1.5，充分调动一体化教师的积极性。

6. 扩大试点，量质并举，实现办学内涵全面提升

2013 年学院选择骨干专业，根据一体化课改范围，以机床切削加工专业、服装制作与营销专业为基础，以数控加工专业为带动，各二级学院选择一个

初中起点五年制骨干专业为改革试点，通过三年努力，开发完成全校骨干专业一体化课程体系，编制建筑工程技术等七个专业的一体化课程人才培养方案，分两批编写了48门一体化课程的校本教材，在试点班级开展教学试点。由此扩大试点专业，扩大专任师资，扩大课堂教学内容，进而提升学生的就业质量，提高企业的满意度。

（三）苏州技师学院：走实一体化课程教学改革探索之路服务学生发展提升职业能力

2009年，苏州技师学院电气自动化设备安装与维修专业被确定为人力资源和社会保障部首批一体化课程教学改革试点专业。多年来，学院坚持以服务学生发展为根本、以培养学生综合职业能力和职业素养为重点，探索制定学院一体化课程标准，全方位推进一体化课程体系、师资队伍、教学环境、评价方案、教材、教学科研建设，走出了一体化课程教学改革的特色之路。

1. 全面开展一体化课程体系建设

试点之初，学院深入企业开展调查研究，发放近百份专业人才需求调查表、专业内容调查表，并邀请多位企业实践专家、职业教育课程专家参与一体化课程体系建设，最终确定了试点专业的50个典型工作任务，并编写《电气自动化设备安装与维修工作过程系统化课程纲要》。由此初步建立基于工作过程系统化、以工作任务为导向、以综合职业能力培养为核心的工学一体化教学课程体系，明确了"公共课程＋专业基础课程＋专业能力课程＋职业素养课程＋能力拓展课程"的课程体系结构模式。在总结试点经验的基础上，学院在机电一体化、模具设计与制造等多个专业推广一体化，积极全面开展一体化课程改造之路。

2. 大力推进一体化师资队伍建设

为尽快建立一支素质过硬的一体化教师队伍，学院在第一年试点工作中，对首批骨干教师进行10余次短期强化培训，帮助教师厘清一体化教学的基本概念、熟悉一体化教学的开展形式、掌握一体化教学方法，以学生身份体验一体化课堂教学，开展一体化小班学习与实践。首批骨干师资充分发挥传帮带作用，学院一体化教师占比已经达到75.6%。学院还聘请有实践经验的企业工程技术人员与教师共同备课，把企业经验带进学校。

3. 高标准实施一体化教学环境建设

学院高标准新建一体化实训室、实训中心，投入机床控制电路、交直流调速等设施设备，并制定一体化实训操作规范以及相关制度，其中一体化实训室具有教学、科研、培训、鉴定、研修、承赛等多种功能。为提高学生综合能力，学院设置机房、一体化教室、图书阅览室、一体化课程教学试验区、教学资源站、咨询室等多功能场所。

4. 从严制定一体化教学评价方案

坚持以促进学生发展为根本目的，使评价过程成为促进学生发展和提高教学质量的重要抓手，在制定评价方案时，把培养综合职业能力作为评价标准，注重过程评价。学院采用过程评价与考试评价相结合的方法评定学生成绩，分别占比 70% 和 30%。一体化评价方案更倾向于对学生解决问题与方法应用能力的考核，促进了学生思维的迁移与创新。

5. 创新推进一体化配套教材建设

创新建立"1+3+X"的教材编写方法，即 1 条工作情境主线、3 部分知识结构内容、5 个项目任务，将一体化课程教学的载体、项目、任务、案例及实训平台等各要素有机融合，诠释系统化工作过程课程教学的理念和内涵。学院运用此方法编写出版了《PLC 控制技术》《电子部件制作》等 5 本教材，编制了《电子技术项目精选》《基于项目导向的 PLD 设计》等 4 本教材，以及"电子部件制作""电机控制部件制作"等 4 门省级精品课程，丰富的教学资源为一体化教学的深入推进夯实了基础。

6. 强化落实一体化教学科研建设

以一体化教学改革为契机，学院成立一体化教研教改课题组，针对一体化教学的重点环节，多维度开展 30 余项课题研究，形成了符合学院实际教学需求的工作页，规范一体化课程教学要求、教学内容、教学设置。多年来，电气自动化设备安装与维修专业教师的教学科研成果获得省级以上奖励百余项，其中，"工作过程系统化课程模式下的教材开发研究""'135'法编教材"分获江苏省一等奖课题、苏州市一等奖论文。

（四）杭州技师学院："五全一新"深化一体化教学改革培养优质"浙派技工"

2010—2016 年，杭州技师学院汽车维修专业、汽车钣金与涂装专业、新能源汽车检测与维修专业先后参与人力资源和社会保障部一体化课程教学改革试点，秉承"工学结合、理实一体、产教融合"办学理念，逐步推进一体化教学专业全覆盖、注重一体化师资培养、建立一体化教学运作模式等，提高办学水平，为社会培养更优质、更对口的"浙派技工"。

1. 机制保障，一体化教学专业全覆盖

学院出台《一体化教学考核管理办法》，完善《教学质量考核方案》《教师职称评聘》等制度，加强学生的升留级、特色班选拔、技能等级认定、实习就业推荐、奖助学金等管理工作与一体化课程教学改革之间的衔接，调动了师生参与课程改革的积极性。学院为一体化课改划拨专项资金，为课改过程中的师资培训、教学场地升级改造、设备优化、教材开发等工作提供了强有力的经费保障。汽车维修专业实现工学一体化课程教学全覆盖，汽车检测与维修专业（含新能源方向）一体化教学已覆盖此专业中级工、高级工和技师三个层面的 30 个教学班，汽车钣金与涂装专业一体化教学已覆盖此专业 16 个班级，学院其他专业也逐步推进一体化改革。

2. 校企双轨，一体化课程资源全配置

学院 16.65 万平方米的实训场地中，有 7.2 万平方米按照一体化教学要求布置，可实现相应专业的一体化教学。按照学习环境与工作环境相结合、学习内容与工作任务相结合、学习资源与学生自主学习能力的开发相结合、媒体教学与实训教学相结合的原则，建有 12 个基础认知、理实结合的一级学习站，10 个校企共建、工学一体的二级学习站，8 个紧贴生产、专项研修的三级学习站。学院建成了一体化教学所需的与专业配套的素材资源库，包括课件、视频、虚拟实训、维修手册、题库、工作页等。其中，面向高级工和预备技师层次学生搭建的 10 个二、三级学习站，得到宝马（中国）、奥迪等一批合作企业的大力支持。通过"订单班"培养模式，直接将企业环境、文化、技术、师资带进课堂，校企双方共同制定人才培养方案和课程标准、编写教材、培养师资、建设实训中心、建立评价体系，极大提升了工学一体化课程教学成效。

3. "三师"引领，一体化师资能力全培养

学院建立"汽车维修技能研修中心""汽车维修职业教育研究中心"和"汽车维修工程技术试验中心"，针对性培养集技师、讲师、工程师于一身的"三

级一体化教师"。将教师技能研修中心设置的技能模块与汽修专业工作任务相对接，通过分期分批技能培养，促进"三级一体化教师"实践技能的提升；按照一体化教学的要求，对教师进行课程设计方案、工作页、教学方法等方面培训，以提高二级一体化教师的教学设计能力；邀请国内知名职教专家来校指导，重点培养一级一体化教师。学院教师在 2011 年全国汽车职业院校一体化课程设计大赛中分别夺得营销高职组和营销中职组的冠军、汽车维修高职组的亚军，在 2018 年、2020 年全国技工院校教师职业能力大赛中均获一等奖。这些比赛既是对学院教师一体化课程设计和教学能力的提升，也是对学院工学一体化课程教学改革试点的阶段检验。

4. 以教促研，一体化教研成果全呈现

学院牵头编制并公开出版的《汽车钣金与涂装专业国家技能人才培养标准及一体化课程规范（试行）》《新能源汽车检测与维修专业国家技能人才培养标准及一体化课程规范（试行）》在全国技工院校中推广应用，通过国标和课规的编制，极大促进了一体化教学改革的推进。基于一体化教学理念构建的汽车维修专业高技能人才培养模式，获得了政府及行业、企业的认可。建立在工学一体化课程教学理论基础上的研究课题"基于汽车医院的汽修专业高技能人才培养模式实践与探索"获国家级教学成果一等奖。通过近几年的教学实践，学生的自主学习能力、分析和解决问题的能力、技能操作能力、沟通能力等综合职业能力有较大的提升，企业对学生的满意度达到了 95% 以上。学生近几年在各类技能大赛中成绩突出，先后两次夺得世界技能大赛汽车喷漆赛项冠军，获得全国一类大赛一等奖 10 个、二等奖 12 个。2020 年，学院汽车技术、车身修理、汽车喷漆、飞机维修、机器人专业的 5 名选手全部入围国家集训队。

5. 辐射引领，一体化课改经验全推广

作为首批一体化课程改革试点院校和国标、课规开发的牵头学校，学院多次承担人力资源和社会保障部高技能人才师资培训项目汽车维修专业、汽车钣金与涂装专业一体化教学师资培训班，全国交通院校骨干师资培训班，浙江省一体化教学骨干师资培训班等交流培训任务。年均来校参观学习的院校达 300 余家，在全国技工教育领域取得了良好反响。

6. "三个统筹"，一体化运作模式新实践

学院在推行一体化教改的过程中，本着中级工、高级工和技师三个培养层次与学习工作站统筹，专业课与文化课统筹，校企合作班级与非校企合作班级统筹"三个统筹"原则，建立了"站点为营、模块轮动、行动导向、过程考核、阶段递进"的一体化教学运作模式，经济、高效地解决了试点规模扩大之后所带来的师资、设备及与传统课程兼容等一系列问题。

第八章 推进湖南技工教育发展的对策建议

第一节　政府支持

一、改革体制机制

为促进技工教育的持续、健康发展，提高其教育质量和办学水平，需要用改革创新的办法解决技工教育体制中存在的问题。一是政府需要完善企业参与制度和激励机制，鼓励社会力量参与技工院校办学，并实施政府购买服务的方式支持技工教育发展；二是政府需要简政放权，建立技工教育发展"负面清单"制度，深化行政审批制度改革，扩大技工院校的办学自主权，推动政校分离，减少对学校教育教学具体事务的干预。

二、推动政策落实

当前，我国技工教育正迎来新的发展阶段，同时也面临着一系列新的机遇和挑战。人力资源和社会保障部要尽快做好《技工学校教育督导评估暂行规定》《技工学校学生学籍管理规定》等基础性规章制度的修订工作，加强对技工院校有关教学、顶岗实习、校企合作、教师人事制度改革、毕业生待遇等政策的监察力度，完善技工教育（中职教育）与高职、大学教育的贯通、衔接细则，会同发改、税务、财政部门完善技工院校生均经费、教育附加费、财政性经费等支持政策的完善，将技工教育"真正"融入职业教育体系，营造技工院校发展的宽松环境，确保政策落地落实，将利好政策真正应用到技工教育的发展中。

三、加大资金投入

一是参照职业院校的财政补助标准，政府应加大财政投入，确保技工院校经费在教育经费中的占比不低于职业院校，以保障资金充足。二是为支持技工院校的稳定发展和实训基地的建设，政府应设立技工教育专项资金，确保资金来源的稳定性和连续性。三是对积极参与技工教育的企业，政府应给予一定的税收优惠或政策激励，鼓励企业和社会力量参与技工院校办学，形成多元化的投入格局，减轻地方政府的负担。四是鼓励企业与技工院校深度合作，共同投资建设实训基地，实现资源共建共享，这既能解决技工院校的资金问题，又能为企业提供更贴合实际需求的人才培养环境。五是可以考虑与国际知名的教育机构或企业合作，通过引入外资和技术来提升办学质量，共同推动技工教育的发展。

第二节　自身发展

一、打造优师团队

一是鼓励教师走出去，加强与企业在人才培养方面的合作。通过深入企业实践，教师能够了解行业发展趋势和市场需求，掌握前沿技术和实践经验，提高自身理论联系实际的能力。二是吸引企业人才走进来，强化师资队伍。通过校企共建，聘请企业专家到学校进行技术交流，分享实际工作经验；同时，积极引进国外优秀技工教育者来华访问、教学，借鉴国外先进的教育理念和教学方法。三是优化师资结构，提升实践指导能力。精简非任课教师比例，适度引进有丰富理论知识和实践经验的兼职教师。加大生产实习指导教师的比例，积极引进拥有企业工作经验、具有较强实践能力的指导教师，使其在教师总数中的占比高于全国平均水平。四是完善培训体系，打造一体化师资队伍。通过定期组织教师参加专业培训、教学研讨、企业实践等方式，不断更新教师的知识和技能，提升教师的教学水平和一体化教学能力，加快全省一体化师资队伍建设。

二、强化职业技能

一是加强生产实习课程的开出率。通过组织学生到企业实习，让学生深入了解职业技能的实际应用，增强学生的实践能力。同时，根据不同专业的特点和需求，合理设置实习内容和实习时间，确保实习的有效性和针对性。二是开展各类技能竞赛活动。通过比赛的方式激发学生的学习兴趣和热情，提高学生的技能水平和综合素质。在竞赛中，可以结合企业的实际需求和标准，对学生进行专业技能和综合素质的全面考核，为学生提供更多的学习机会和展示平台。三是开展职业技能培训活动。根据学生的专业特点和市场需求，为学生提供多元化的课程设置和培训方式，提高学生的职业技能水平和核心竞争力。

三、提升就业能力

一是强化校企合作，建立紧密的合作关系。技工院校与企业共同制定人才培养方案，开展课程建设和师资培训，以帮助学生更好地适应市场需求，提升其就业竞争力。二是推进职业技能等级认定工作，开展职业技能培训和考核。技工院校通过开展职业技能培训和考核，为学生提供相应的职业资格证书，提高其职业能力和就业竞争力。三是完善就业服务，为学生提供全方位的就业指导。建立健全就业服务体系，为学生提供职业规划、求职指导、就业推荐等服务，助力学生好就业、就好业。四是实施创业教育，助力未来职业发展。开设创业课程，提供创业指导和孵化服务，培养学生的创业意识和创业能力，帮助学生更好地应对未来职业发展的挑战，实现自我价值的同时为社会做出贡献。

第三节　社会认可

为了打破"教学等级制"、扭转"学而优则仕"这种观念上的偏差，使技工教育在新一轮改革发展中获得优势，在提升硬实力、强化软实力的基础上，更要通过宣传增强吸引力，提高社会对技工教育的认可。

一、政府方面

一是政府应加强技工教育的宣传和推广工作，引导公众正确认识技工教育。政府可以通过多种渠道和方式，包括主流媒体、官方网站和社交媒体等，向公众传递技工教育的真实情况和教育成果，强化技工教育的权威性和可信度。同时与技工院校自身宣传片、社会公益宣传片相结合，助力广大学子深入了解技工教育的本质及其在职业发展中的重要作用。二是政府应积极引导和支持社会各界关注技术技能人才，提升其社会地位和荣誉感。政府可以通过开展职业技能竞赛、职业技能认证等活动，提高技能人才的社会知名度和声誉，让"蓝领"也能享受到"白领"一样的社会地位和荣誉，营造有利于技能人才成长的良好社会氛围。

二、学校方面

技工院校应该加强宣传推广，通过各种渠道宣传自身的办学成果和社会贡献，提高社会对技工院校的认知和认可。

一是积极开展各种宣传推广活动，如校园开放日、专业技能展示、学术讲座等，让社会了解技工院校的教育理念、办学成果和社会贡献，提高社会的认可度。二是鼓励学生和教师积极参与社会公益活动，如义务劳动、志愿服务、技术支持等，践行社会主义核心价值观，提高学校的社会形象。三是参加行业展览和学术会议，展示学校的办学成果和技术实力，扩大学校的影响力和知名度。四是充分利用学校官网和社交媒体平台，发布学校的各种信息，如办学成果、社会贡献、招生政策等，进一步扩大自身的影响力和知名度。

结　语

十八大以来，湖南省经济进入高质量发展阶段，深化供给侧结构性改革，建立现代化经济体系，转变发展方式，在稳增长、稳就业的总基调中求突破、谋发展，对技工教育提出了新要求，自此技工教育开启新的征程。

（一）技能人才发展环境进一步改善

中共中央、国务院先后印发了《关于深化人才发展体制机制改革的意见》《关于分类推进人才评价机制改革的指导意见》《关于提高技术工人待遇的意见》等重要文件。为落实中央要求，湖南省先后出台《关于加强技能人才培养建设技工大省的意见》《关于推行终身职业技能培训制度的实施意见》《湖南省职业技能提升行动（2019—2021 年）》等文件。一系列的政策措施，加大了政策供给，在解决技工教育长期存在的体制机制问题方面取得了重要突破，技能人才的各项待遇和社会地位有了大幅度提升。

在社会层面，大力开展技术工人表彰活动，营造劳动光荣、技能宝贵、创造伟大的社会氛围，使技术工人获得更多的职业荣誉感。在社会待遇方面，明确对技能领军人才，在住房、落户、子女教育、就业等方面享受优惠政策。在待遇方面，健全技术工人评价选拔制度，充分发挥技能人才的作用，建立适合技能人才的分类评价制度和人才贯通制度。在提高经济待遇方面，以为国家做出突出贡献的高技能领军人才为重点支持对象，着力提高技术工人收入水平，完善工资正常增长机制，拓宽收入渠道，全面改善技术工人待遇水平。

（二）终身职业技能培训制度得以施行

2018年5月，国务院印发《关于推行终身职业技能培训制度的意见》，完整阐述了终身职业技能培训制度的目标任务和相关措施，主要包括四个方面：一是培训对象全覆盖，覆盖城乡全体劳动者；二是职业培训补贴全覆盖，每个阶段都有相应的补贴，跟随劳动者职业生涯全过程；三是技能评价激励活动全覆盖，覆盖劳动者培训就业全过程；四是全方位的服务保障，以各类培训机构为载体，提供服务保障、资金保险、权益保障等。

为全面提升劳动者就业创业能力，提高就业质量，《湖南省人民政府关于推行终身职业技能培训制度的实施意见》在落实终身职业技能培训制度方面，推行四项重要举措：一是全面加强企业职工岗位技能培训。强化企业培训主体地位，将企业职工培训作为职业技能培训工作的重点，支持企业广泛开展职业技能培训。全面推行企业新型学徒制培训，健全校企合作制度，校企精准对接、精准育人，推进产教融合。二是广泛开展就业重点群体技能培训。建立健全以"教育培训、认定管理、定向扶持"为主要内容的新型职业农民培育服务体系。面向符合条件的建档立卡贫困家庭、特困人员家庭、农村低保家庭、困难职工家庭和残疾人，开展技能脱贫攻坚行动，实施"雨露计划"、技能脱贫千校行动、残疾人职业技能提升计划。三是大力开展高技能人才培训。围绕全省战略性新兴产业、现代服务业特别是工业新兴优势产业链企业的需求，选择经济社会发展急需紧缺职业（工种），组织开展技师、高级技师技能提升培训。对符合规定的给予培训补贴和晋级补助。建设技能大师工作室和职工创新工作室，发挥高技能领军人才在带徒传技、技能推广、技改创新、技艺传承等方面的重要作用。四是推行创业创新培训。鼓励和支持在高等学校、职业院校（技工院校）中开展创新创业教育，建设创业学院、创业培训（实训）中心、创业孵化基地、创新平台，设立青年学院，培养乡村振兴青年英才和农村青年致富带头人。

终身职业技能培训制度的实施，对稳定和促进就业，加强高技能人才队伍建设，建设知识型、技能型、创新型劳动大军，推动湖南经济转型升级，以及形成职业培训的长远体制机制，具有重大的现实意义。

（三）技能人才评价体系与时俱进

2019 年 8 月，人力资源和社会保障部印发《关于改革完善技能人才评价制度的意见》（以下简称《意见》），明确了改革的指导思想、基本原则、主要目标及改革的基本内容、评价标准、监管服务等。职业技能等级将由用人单位和社会培训评价组织按照有关规定开展认定。政府、市场、用人单位、社会组织各司其职，从而建立起权责清晰、管理科学、协调高效的技能人才评价管理体制。

湖南省按照《意见》建立了三个层面的职业技能等级制度。一是在企业层面，2019 年，湖南启动在部分企业开展职业技能等级认定试点工作。试点企业开展职业技能等级认定的对象为与本企业签订劳动合同或存在事实劳务关系的职工。经省人社厅批准，试点企业还可面向同类中小企业开展技能等级认定工作。二是在社会培训评价组织层面，湖南省在 2020 年公布了职业技能等级认定社会培训评价组织（第三方评价机构）名单。其根据市场和就业需要，面向全体劳动者开展职业技能等级认定。三是在技工院校层面，湖南省基于职业资格改革深入推进，技工院校部分专业的学生不能参加职业技能鉴定取得职业资格证书，影响就业和成长成才考虑，在 2020 年确立第一批院校职业技能等级认定试点单位名单。常德技师学院等 35 家院校可对汽车维修工、化妆师、收银员等职业进行职业技能等级认定。

各地根据人力资源和社会保障部的部署，按照市场化要求，积极推进评价制度改革，新的技能人才评价体系正在逐步形成。

（四）技工院校发展迈上新台阶

党中央、国务院高度重视技工院校发展，湖南省人民政府积极响应，促使湖南技工教育走上高质量发展的快车道。一是办学实力进一步增强。2012—2016 年，中央财政在技工教育方面累计投入近 70 亿元，带动湖南省加大投入，提升技工院校的整体实力。二是培养水平、服务能力进一步提升。伴随着先进制造业、现代服务业、战略性新兴产业以及传统工艺技艺领域的迅猛发展，湖南省各地技工院校建设了一批与区域经济发展相匹配的特色专业，服务区域经济向好向快发展。三是走上世界技能舞台。第45届世界技能大赛共计205个国家训练基地，其中，155个设在湖南工贸技师学院等技工院校，占比75%。四是积极参与脱贫攻坚。全省技工院校广泛动员，积极参与，做到"应培尽培、能培尽培"，实现"技能培训一人，就业创新一人，脱贫致富一户"。

回忆往昔，技工教育为中华民族的独立和解放事业、为社会主义建设做出了不可磨灭的巨大贡献。展望未来，中国技工教育的发展前景更加辉煌，发展道路更加宽广。在实现中华民族伟大复兴的征程中，技工教育大有可为，也必将大有作为。

参考文献

一、图书

[1] 崔秋立. 中国技工教育发展历程 [M]. 北京：中国劳动社会保障出版社，中国人事出版社，2021.

[2] 陈学恂. 中国近代教育史教学参考资料（上、中、下）[M]. 北京：人民教育出版社，1987.

[3] 李蔺田. 中国职业技术教育史 [M]. 北京：高等教育出版社，1994.

[4] 米靖. 中国职业教育史研究 [M]. 上海：上海教育出版社，2009.

[5] 吴洪成，等. 中国近代职业教育制度史研究 [M]. 北京：知识产权出版社，2012.

[6] 谢长法. 中国职业教育史 [M]. 太原：山西教育出版社，2011.

[7] 郑帅渠. 中国近代史 [M]. 北京：北京师范大学出版社，2016.

[8] 董宝良，周洪宇. 中国近现代教育思潮与流派 [M]. 北京：人民教育出版社，1997.

[9] 冯象钦，刘欣森. 湖南教育史 [M]. 长沙：岳麓出版社，2002.

[10] 王明伦. 高等职业教育发展论 [M]. 北京：教育科学出版社，2004.

[11] 张学军. 湖南教育大事记 [M]. 长沙：岳麓书社，2002.

[12] 纪秩尚，郭齐家，余博. 中华人民共和国职业教育法实务全书 [M]. 北京：北京广播学院出版社，1996.

[13] 黄尧. 21 世纪初中国职业教育宏观政策研究 [M]. 北京：高等教育出版社，2006.

[14] 人力资源社会保障部教材办公室. 沧桑巨变：中国技工教育发展历程 [M]. 北京：中国劳动社会保障出版社，2018.

[15] 万里. 湖湘文化大辞典（上、下）[M]. 长沙：湖南人民出版社，2006.

二、学位论文

[1] 程宇．中国职业教育与经济发展互动效应研究 [D]．长春：吉林大学，2020.

[2] 李佩玲．珠三角区域产业升级背景下广东技工教育发展的政府作用研究 [D]．广州：华南理工大学，2015.

[3] 李文娟．郑州 C 技师学院师资队伍建设问题研究 [D]．郑州：郑州大学，2017.

[4] 程建华．西安市技工教育管理研究 [D]．咸阳：西北农林科技大学，2016.

[5] 任平．晚清民国时期职业教育课程史论 [D]．长沙：湖南师范大学，2010.

[6] 陈颖琳．陕西技工教育发展研究 [D]．咸阳：西北农林科技大学，2015.

[7] 陈颖．宁波技工教育发展中的政府行为研究 [D]．宁波：宁波大学，2017.

[8] 罗梅荣．民办技工院校教师流动归因及对策研究 [D]．广州：广东技术师范大学，2021.

[9] 李欢欢．经济新常态下江西省技工教育发展研究 [D]．南昌：南昌大学，2017.

[10] 陈丘．近代湖南职业教育发展研究（1902—1937）[D]．长沙：湖南师范大学，2010.

[11] 陈晓燕．技工学校校企合作现状与对策研究——以某几所技工学校为例 [D]．秦皇岛：河北科技师范学院，2013.

[12] 张萍萍．哈尔滨市技工教育现状分析及发展对策研究 [D]．哈尔滨：哈尔滨师范大学，2016.

[13] 颜君．贵州省技工教育的现状问题与对策研究 [D]．天津：天津大学，2008.

[14] 郑攀．广州市技工教育国际合作中的政府作用研究 [D]．长春：吉林大学，2018.

[15] 刘馨谦．广东省技工教育的现状与对策——以广东省高级技工学校为例 [D]．武汉：华中师范大学，2015.

[16] 陈旭彬．广东技工教育政校行企四方联动长效机制研究 [D]．广州：广州大学，2016.

[17] 杨文杰．改革开放 40 年我国技术工人公共政策研究——基于 Nvivo11.0 软件的分析 [D]．西安：陕西师范大学，2019.

[18]雷爱萍.地方职业教育发展中的政府作用研究——以广西南宁市为例[D].南宁：南宁师范大学，2020.

[19]王英童.大连市高技能人才政策下人才培养问题研究[D].大连：东北财经大学，2020.

[20]李雪芬.产教融合视角下技工院校毕业生就业质量提升研究[D].广州：广州大学，2020.

[21]李成增.张之洞近代教育模式研究[D].西安：西安理工大学，2006.

[22]蒋望.湖南实业教育研究[D].长沙：湖南师范大学，2008.

[23]李明华.时务学堂的创办及其对湖南高等教育近代转型的影响研究[D].长沙：湖南师范大学，2011.

三、期刊

[1]王晓利，陈鹏.新中国成立70年来技工教育的变迁理路及历史回响[J].中国职业技术教育，2020(03)：5-16.

[2]张倩,宁永红,刘书晓.新中国成立以来的技工教育：历程、回归与超越[J].中国职业技术教育，2017(24)：65-70+80.

[3]王伟.大连市技工教育发展现状及对策建议[J].中国培训，2022(06)：41-43.

[4]谢军.关于云南技工教育发展现状的思考[J].职业教育研究，2012(05)：4-6.

[5]王晓君,崔秋立.新中国成立70年技工教育的发展特色及贡献[J].中国培训，2019(10)：6-8.

[6]王辉.我国职业教育产教融合政策变迁析理[J].中国职业技术教育，2022(27)：5-12.

[7]朱磊.技工院校人才培养机制的完善对策[J].经济研究导刊，2021(10)：115-117.

[8]胡小华.挖潜不失为发展技工教育的良策[J].职业教育研究，1991(06)：28-29.

[9]张宏亮.统筹、协同、竞合发展：我国"技工教育—职业教育"关系及未来走向[J].成人教育，2021,41(04)：53-60.

[10]王志兵.民国时期职业教育"工读结合"人才培养理论与实践探析[J].职业技术教育，2013,34(10)：77-82.

[11] 金星霖，石伟平．论职业教育与普通教育协调发展 [J]．现代教育管理，2022(08)：102-110.

[12] 李兴军．括号里的职教：技工教育概念起源与发展 [J]．职教论坛，2019(10)：160-168.

[13] 卢联珍，黄宾质．技工教育实施可持续发展的战略思考 [J]．职业教育研究，2005(11)：7-9.

[14] 陈伟，黄大乾，李姿．技工教育内涵发展辨析 [J]．职教论坛，2017(31)：20-23.

[15] 陈伟，黄大乾，李姿．技工教育发展三题：历史、逻辑及定位 [J]．职教论坛，2017(22)：18-23.

[16] 张宗辉．回顾党领导下的技工教育发展史 扎实做好技工教育工作 [J]．中国培训，2021(06)：4-7.

[17] 胡先云．湖南省技工院校分布情况调研报告 [J]．大视野，2020(02)：9-27.

[18] 熊福意，张桂香．湖南省技工院校差异化发展策略研究 [J]．职业教育研究，2019(12)：26-30.

[19] 张帆，张卉玮．广东省技工教育发展的历史回顾与启示（一）[J]．广东印刷，2022(03)：67-69.

[20] 张帆，张卉玮．广东省技工教育发展的历史回顾与启示(二)[J]．广东印刷，2022(04)：55-58.

[21] 刘奇，沈言锦．工业革命与产业变革背景下湖南省技工教育发展现状及对策研究 [J]．中国教育技术装备，2020(17)：67-69.

[22] 廖启桂．跟上形势 加速发展——对大力发展技工教育的几点认识 [J]．中国劳动科学，1991(11)：19-20.

[23] 王卓，沈小碚．改革开放以来我国职业教育政策制定的梳理及其思考 [J]．苏州市职业大学学报，2019，30(02)：64-71.

[24] 蒋士会．教育功能及其演进 [J]．广西师范大学学报（哲学社会科学版），2003(02)：99-104.

[25] 王晓君．我国技工院校办学模式与职业学校教育发展方向探析 [J]．职业教育研究，2014(06)：8-10.

[26] 俞启定．新中国成立以来职业教育定位及规模发展演进的回顾 [J]．浙江师范大学学报（社会科学版），2019，44(05)：12-21.

[27] 李立文. 技师学院"高等化"再思考 [J]. 职教论坛，2021，37(09):83-89.

[28] 郑艳芳. 教育是什么——基于实践内涵的思考 [J]. 考试周刊，2011(55):213-214.

[29] 谢长法. 清末"新政"时期的女子职业学校述论 [J]. 河南大学学报（社会科学版），2010，50(01):122-127.

[30] 曹晔. 我国技工学校发展历程和成就 [J]. 职教发展研究，2020(03):20-28.

[31] 王筱宁，李忠. 民国时期的劳工教育思潮及其影响 [J]. 职教论坛，2015(10):91-96.

[32] 陆慧. 中国近代女子职业教育思想的变迁与启示 [J]. 中华女子学院学报，2014，26(06):98-103.

[33] 安宇，沈荣国. 蔡元培与中华职业教育社 [J]. 职业教育研究，2008(07):159-160.

[34] 张明塘.《劳动合同法》在技工学校的一体化教学研究 [J]. 法制与社会，2017(22):249-250.

[35] 祁占勇，王锦雁. 美国职业教育制度的发展演变及其基本特征 [J]. 职教论坛，2017(34):58-64.

[36] 祁占勇，王佳昕. 日本职业教育制度的发展演变及其基本特征 [J]. 河北师范大学学报（教育科学版），2018，20(01):73-78.

[37] 李明慧，曾绍玮. 德国职业教育"双师型"教师队伍的培养渠道、经验与启示 [J]. 教育与职业，2018(22):45-51.

说明： 本书所使用的部分资料和图片未能及时联系到作者本人，在此深表歉意。请作者见本书后与编者联系，编者将按照相关规定给予作者应有的著作权权益。联系电话：0731-22119805

图书在版编目（CIP）数据

湖南技工教育发展历程及方向研究 / 沈言锦等编著. — 长沙：湖南师范大学出版社，2023.11

ISBN 978-7-5648-5255-9

Ⅰ. ①湖… Ⅱ. ①沈… Ⅲ. ①技术教育－教学研究－湖南 Ⅳ. ①G712

中国国家版本馆CIP数据核字(2024)第024066号

Hunan Jigong Jiaoyu Fazhan Licheng Ji Fangxiang Yanjiu

湖南技工教育发展历程及方向研究

沈言锦、何静怡、李艳娟　等编著

出 版 人｜吴真文
责任编辑｜彭　慧
责任校对｜张晓芳

出版发行｜湖南师范大学出版社
　　　　　地址：长沙市岳麓区麓山南路36号　邮编：410081
　　　　　电话：0731-88853867　88872751
　　　　　传真：0731-88872636
　　　　　网址：https://press.hunnu.edu.cn/
经　　销｜湖南省新华书店
印　　刷｜长沙雅佳印刷有限公司

开　　本｜710 mm×1000 mm　1/16
印　　张｜12.5
字　　数｜210千字
版　　次｜2023年11月第1版
印　　次｜2023年11月第1次印刷
书　　号｜ISBN 978-7-5648-5255-9

定　　价｜88.00元